LEARNING ITALIAN FOR BEGINNERS
2500 ITALIAN PHRASES AND BASIC GRAMMAR RULES

Italian Academy

TABLE OF CONTENTS

INTRODUCTION

Hi and Welcome in Italian Academy, the first private academy to revolutionize the way to learn Italian!

Before to start, I want to talk a little bit about the Academy and about the Founder.

The Founder is John Alfort.

He was born in 1975 in Oxford, England to a German mother and English father.

He has always had a great passion for travel, different cultures and languages from way back as a child.

He began to travel a lot from the age of 16, and one of these trips in particular changed his life forever.

At 19 he decided to spend 3 months of his life in Rome to learn Italian and gain new experiences.

Throughout those months he worked hard, studied several books and took very expensive training courses. Even so, at the end of his stay in Italy he still had great difficulties communicating.

The problem was that he had spent most of his time trying to memorize complex grammatical rules (gerund, past tense...), without focusing on the most important aspect of the language: VOCABULARY.

In fact, to quote David Wilkins: "Communicating without grammar is difficult but communicating without words is impossible".

And even now Italian Academy can totally confirm that, VOCABULARY IS FUNDAMENTAL, GRAMMAR COMES IN SECOND.

In that moment, at the young age of 19, disappointed and frustrated by his first failure, he decided that he would do everything he could to learn Italian, but above all, he decided what he wanted to do for the rest of his life: to become one of the greatest foreign language expert.

Today, 26 years later, we can say that he succeeded.

John Alfort, with his team, have succeeded in creating a new and innovative method of learning languages in an easy and intuitive way, completely revolutionizing the traditional learning process.

We have together written many books, held seminars and private lessons in various cities and we can say with pride that over the years we have been able to help tens of thousands of people to learn a new language.

SOME TIPS TO ADAPT WHILE READING THE BOOK.

Every success story is accompanied by a series of perseverance, discipline, and desire to be the best. Learning Italian is no more different.

By maintaining focus, the learning process gets easier with every stride.

Try and create a simple daily routine to read the book, an hour or two would work out enough. You will soon develop reading, speaking, and writing habits without supervision. Remember that with all material in the world, it would all be useless without practice.

What you hold in your hands is a powerful book that could change and improve the course of your life forever.

People who have learned a new language are now able to extensively see things from a different angle and perspective thus appreciating diverse cultures and norms, specifically Italian speaking nations which are rich in culture.

It is like to have two pairs of eyes. One can see better, broader and deeper.

Why wait for the next time when you can be the leader all along? Proceed to the first chapter!

BASIC GRAMMAR RULES

The goal of this chapter is to give you the first and most important knowledge of Italian grammar. You are going to learn topics like nouns, articles, pronouns, and verbs. Some concepts are completely new for you and therefore they can be tough to understand, but it doesn't mean that you can't handle them.

"The expert of anything was once a beginner".
-Helen Hayes.

1. ITALIAN NOUNS: GENDER AND NUMBER

You have decided to learn Italian language and probably you don't know how and where to start. Don't worry, we are here for you and will make it as easy as possible. Before moving on, I want you to know that there is one concept you have to keep in mind and never forget: everything in Italian must agree in gender and number. It does not exist a third gender or, as it is usually called, the neutral.

This language is composed by two main genders: masculine and feminine. Differently with other idioms, this rule is applied also to the abstract things. So you can have a word that refers to an idea or something no real that can be either masculine or feminine.

Another important and very simple rule to keep in mind is that the majority Italian nouns end with a vowel. In case you see a noun within an Italian discourse that does not end with a vowel, that word has a foreign origin.

1.1 SINGULAR NOUNS

Thanks to the vowel at the end of the noun it's quite immediately to identify the gender. The Italian language has four main different categories of singular nouns:

- Masculine nouns ending in **–o**
- Masculine nouns ending in **–e**
- Feminine nouns ending in **–a**
- Feminine nouns ending in **–e**

Gender and ending	ITA	ENG
Masculine in **-o**	L'alber**o**	The tree
Masculine in **-e**	Il can**e**	The dog
Feminine in **-a**	La cas**a**	The house
Feminine in **–e**	La stampant**e**	The printer

This rule does not count for every noun. There are lots of exceptions, nouns ending in o which are feminine or nouns with the letter "a" at the end which are masculine. These are some **examples**:

- La radio = The radio *(feminine)*
- La foto = The photo *(feminine)*
- Il poeta = The poet *(masculine)*
- Il cinema = The cinema *(masculine)*

Some nouns have both a masculine and a feminine form:

Masculine	Feminine	ITA	ENG
-o	-a	Zio = Zia	Uncle = Aunt
-e	-a	Parrucchiere = Parrucchiera	Male hairdresser = Female hairdresser

At the same time a lot of nouns change from masculine to feminine in an irregular way. There are some **examples**:

- Fratello/Sorella = Brother/Sister

- Studente/Studentessa = Male student/Female student

- Attore/Attrice = Actor/Actress

1.2 PLURAL NOUNS

How to form the plural of the nouns? I know this question is in your mind right now.

These are the most important rules you have to memorize to form the plural structure.

The masculine nouns that end with a form the plural with "i" as last letter. The feminine nouns ending with "a", have the plural ending with "e". The nouns ending with "o", "e" and "i", regardless of their gender, have the plural form ending with "i".

Singular	Plural	Italian	English
-o	**-i**	Libro = Libri	Book = Books
-a	**-e** **-i**	Carta = Carte Artista = Artisti	Card = Cards Artist *(male)* = Artists
-e	**-i**	Studente = Studenti	Student *(male)* = Students
-ca	**-che**	Amica = Amiche	Friend *(female)* = Friends

But there are some exceptions, for example, nouns ending with an accented vowel or with a consonant have the same plural form. Nothing changes from singular to plural.

Example: Un papà/Due papà = One dad/Two dads

Example: Un computer/Due computer = One computer/Two computer

2. ARTICLES

2.1 DEFINITE ARTICLES

It sounds quite easy for an Italian native speaker to identify the gender of a noun, but sadly it's not the same for one who is learning this language. I know what question is flying in your mind right now: is there any rule that can help an Italian language student to understand whether a noun is masculine or feminine? We have seen the role played by the last vowel, but for the exceptions, there is no rule. Because it would be an impossible exercise for you to memorize every noun, we give you one way that can ease your life. The method is to check the definite article standing before it.

Forget the only article of the English language. Italian, instead, have several definite articles and they take different forms depending on the gender and number of the noun or adjective they are referring to.

One uses definite articles when want to refer to a person or an object in a specific way. For example, if I say "*I want this blue pen*", I mean a specific blue pen.

	Masculine	*Feminine*
Singular	Il, Lo, L'	La, L'
Plural	Gli, I	Le

There are some general rules:

A) <u>MASCULINE</u>

"**Lo**" have to be used for masculine singular nouns which start in the following way:

- **S + CONSONANT**

Example: lo studente = the student

- **Z**

Example: lo zoo = the zoo

- **PS**

Example: lo psichiatra = the psychiatrist

- **PN**

Example: lo pneumatico = the pneumatic

- **GN**

Example: lo gnomo = the gnome

- **X**

Example: lo xilofono = the xylophone

- **Y**

Example: lo yogurt = the yogurt

"**Il**" is also used for masculine singular nouns which begin with:

- **A CONSONANT**

Example: il vento = the wind

Example: il cane = the dog

Example: il terrazzo = the terrace

"L'" is used for masculine singular nouns which start with:

- **A VOWEL**

Example: l'avvocato = the lawyer

Example: l'aereo = the airplane

Example: l'amico = the friend

"Gli" is used for masculine plural nouns which start with:

- **A VOWEL**

Example: gli alberi = the trees

- **S + CONSONANT**

Example: gli Stati Uniti = the United States

- **Z**

Example: gli zaini = the backpacks

- **PS**

Example: gli psicologi = the psychologists

- **PN**

Example: gli pneumatici = the tyres

- **GN**

Example: gli amici = the friends

· **Y**

Example: gli yogurt = the yogurts

B) <u>FEMININE</u>

"La" is used for feminine singular nouns which start with:

· **A CONSONANT**

Example: La scarpa = the shoe

Example: La casa = the house

Example: La guerra = the war

"L'" is used for feminine singular nouns which start with:

· **A VOWEL**

Example: L'auto = the auto

Example: L'arancia = the orange

Example: L'amica = the friend

"Le" is used for every feminine plural noun:

Example: Le calze = the socks

Example: Le isole = the islands

Example: Le torte = the cakes

2.2 INDEFINITE ARTICLES

One uses the indefinite articles when want to refer to a person or an object in a generically way.

Example: Io voglio una penna blu = I want a blue pen *(any blue pen)*

The indefinite articles are used to put into the discourse a noun that has not been mentioned yet. In this case, the articles are less respect before. This means it will be quite easier for you to memorize them.

INDEFINITE ARTICLES	*SINGULAR*
Masculine	**Un, Uno**
Feminine	**Un', Una**

In the plural form the nouns of both genders use the adjectives:

-       Alcuni/Alcune;

-       Certi/Certe;

-       Degli/Delle.

A) <u>MASCULINE</u>

"Uno" used for singular masculine nouns that start with:

- S+CONSONANT

- PS

- PN

- GN

- X

- Z

"Un" is used for singular masculine nouns that start with:

- **A VOWEL**

Example: Un amico = A friend

Example: Un orso = A bear

The plural form to use if the noun starts with a vowel is **DEGLI**.

Example: Degli amici = Some friends

Example: Degli elefanti = Some elephants

- **A CONSONANT**

Example: Un biscotto = A biscuit

Example: Un coltello = A knife

The plural form to use if the noun starts with a consonant is **DEI**.

Example: Dei bambini = Some children

Example: Dei gatti = Some cats

B) FEMININE

"Una" used for singular feminine nouns that start with:

· **A CONSONANT**

Example: Una lavatrice = A washing machine

Example: Una scuola = A school

"Un'" used for singular feminine nouns that start with:

· **A VOWEL**

Example: Un'auto = A car

Example: Un'isola = An island

"Delle" is used for both plural feminine nouns.

Example: Delle sedie = Some chairs

Example: Delle isole = Some islands

The most important rule, which still puts a lot of native italian in trouble, refers to the apostrophe. Keep well in mind that "**un + the apostrophe**" has to be used only for feminine nouns. Never for masculine.

3. PERSONAL AND POSSESSIVE PRONOUNS

The personal subject and object pronouns play a very important role in the sentence: they indicate the people, things, animals or abstract entities that enter into what we want to communicate. In this sense, pronouns indicate the logical function that people, animals or things perform in the sentence as subjects of the action expressed by the verb or as complements to the predicate itself. In Italian, pronouns are characterized by a person, number (*singular or plural*) and gender (*male or female*). They have only one form in case having the function of subject and two forms (*one tonic and one atonal*) when instead they are used as complements.

3.1 PERSONAL PRONOUNS

3.1.1 PERSONAL SUBJECT PRONOUNS = PRONOMI PERSONALI SOGGETTO

IO = I

TU = YOU

LUI/EGLI/ESSO = HE

LEI/ELLA/ESSA = SHE

NOI = WE

VOI = YOU

LORO/ESSI/ESSE = THEY

The personal subject pronoun is used to indicate who speaks, who listens or what we speak about. As you can see the pronouns of the first and second person, both singular and plural, are invariable, they do not change. While the third person, singular and plural, has different forms: male and female.

Egli and **ella** are used about a person, **esso** and **essa** about things, animals and abstract entities.

In the Italian language, the subject does not necessarily have to be expressed. In many cases the ending of the verb allows us to easily understand who is speaking.

Example:

Io ho freddo = **I**'m cold

Ho freddo = **I**'m cold

(In both cases the subject is "I", and the structure does not affect communication)

There are some cases where the subject should be expressed explicitly:

- When the verb form is identical for several people and therefore does not allow to understand which is the subject.

Example: Credi che **io** dica il falso = You think **I**'m saying the fake

Which is completely different from:

Credi che **lui** dica il falso = You think **he**'s saying the fake

- When we want to give particular emphasis to the subject of the sentence.

Example: Questo l'ho mangiato **io** = **I** have eaten this

- When the pronouns are strengthened by the use of "the same".

Example: Io **stesso** = I my**self**

Example: Te **stesso** = you your**self**

- When the subject of the sentence is followed by an infinite verb, an adjective or by an affixing.

Example: Io, **mangiare** una cosa del genere... è impossibile = I, **eating** such a thing...is impossible

Example: Tu, **famoso** per i tuoi studi = You, **famous** for your studies

Example: Egli, **in qualità di medico**, intervenne immediatamente = He, **as a doctor**, intervened immediately

3.1.2 PERSONAL OBJECT PRONOUNS = PRONOMI PERSONALI COMPLEMENTO

Personal object pronouns, on the other hand, can perform several logical functions:

- The **object complement**.

Example: Ti ascolto = I listen **to you**

- The **term complement**.

Example: Vi manderò un pacco = I will send **you** a package

- The indirect complement one, together with the relevant prepositions.

Example: Sono andato al mare con **lei** = I went to the sea with **her**

The personal object pronouns are then divided into **strong forms** *(i.e. on which a tonic accent falls: me, te, lui/lei/sé/ciò, noi, voi, essi/esse/loro/sé)* and **weak forms** *(i.e. without a tonic accent: mi, ti, lo/gli/ne/si, la/le/ne/si, ci, vi, li/ne/si, le/ne/si)*, which are also called pronominal particles.

Strong or toned forms are used:

- To give particular prominence to the pronoun, when it performs the function of object complement.

Example: La maestra ha scelto **me** tra tutti gli studenti = The teacher has chosen **me** from among all the students

- In combination with the prepositions to give rise to the indirect complements.

Example: Siamo andati da **lui** per parlare con **loro** = We went to **him** to talk to **them**

Instead, the **atonic or weak forms** are used:

·   When the pronoun is not preceded by a preposition.

Example: Potresti prestar**mi** una matita? = Could you lend **me** a pencil?

·   When there is no need to underline or emphasize the role of the pronoun as an object complement or term complement.

Example: Venerdì papà **vi** passa a prendere da scuola = Friday dad picks up **you** from school

The personal object pronouns have some particularities. It is useful, to not make mistakes, to have a quick look at them:

·   The object pronouns of the third person (*lui, lei, loro* = *him, her, they*) can perform the function of direct or indirect complement only about a person other than the subject of the sentence; if instead there is the identity of the subject, we use the pronoun itself:

Example: Jimmy ha incontrato Davide e gli ha mostrato a **lui** il gioco = Jimmy met Davide and show the game to **him** (*that is, to Davide*)

Example: Luca riflette tra **sé** sul da farsi = Luca reflects among **himself** on what to do (*that is, with himself*)

·   A pronoun is a form of the third person, which can play the role of indirect complement (*for example, the complement of specification, the complement of argument, the complement of motion from figurative place*):

Example: Dopo quel viaggio a Berlino, Marco **ne** parla sempre = After that travel in Berlin, Marco always talks about **it**

Example: Ho visto quel film e **ne** ho ricevuto una bella impressione = I saw that film and received a nice impression **of it**.

The pronouns "**mi, ti, si, gli, ci, vi**" can be combined with the other pronouns "**lo, la, li, le, ne**" and be placed before or after the verb if this is constituted by an infinite or other forms that you are going to learn in the future.

Now is important for you to know that if you see a combination of these two pronouns is not a mistake. Look at the examples to have a clearer idea.

Example: Te lo spiegherò domani = I'll explain it **to you**

tomorrow Don't confuse the gender. This one is the masculine:

Example: Finalmente ho visto Matteo e **gli** ho parlato = Finally I saw Matteo and I spoke **to him**

The next one is the feminine:

Example: Finalmente ho visto Laura e **le** ho parlato = Finally I saw Laura and I spoke **to her**

Personal object pronouns replace direct and indirect objects.

Subject	*Object*
IO	**Me, Mi** *(reflexive)*
TU	**Te, Ti** *(reflexive)*

LUI	**Lui, Lo, Gli, Si** *(reflexive)*, **Sé** *(reflexive)*
LEI	**Lei, La, Le, Si** *(reflexive)*, **Sé** *(reflexive)*
NOI	**Noi, Ci** *(reflexive)*
VOI	**Voi, Vi** *(reflexive)*
LORO	**Loro, Li** *(reflexive masculine)*, **Le** *(reflexive feminine)*

Some **examples**:

- Amo **te** e non **lui** = I love **you** and not **him**
- **Ti** chiamo domani = I'll call **you** tomorrow
- Loro **ci** odiano = They hate **us**

3.2 POSSESSIVE ADJECTIVES AND PRONOUNS

Possessive pronouns are exactly identical to adjectives, the only difference is the position within the sentence and the function.

The possessive pronouns express a relation between the noun and its possessor, they replace the noun they refer to. They translate to "mine", "yours" etc. They are always accompanied by a determining article or an articulated preposition.

Possessive adjectives accompany a noun to specify the owner. In Italian correspond to the English words "my", "your", etc.

Both possessive adjectives and pronouns are often preceded by a definite article that is never translated in English.

Example: Il mio = my

Example: Il tuo = your

An important difference between Italian and English on this matter is that possessive adjectives and pronouns must agree in both gender and number with the noun and not with the possessor.

	Masc. Singular	*Fem. Singular*	*Masc. Plural*	*Fem. Plural*
My/ Mine	Mio	Mia	Miei	Mie
Your/ Yours	Tuo	Tua	Tuoi	Tue
His	Suo	Sua	Suoi	Sue

Her/ Hers	Suo	Sua	Suoi	Sue
Our/ Ours	Nostro	Nostra	Nostri	Nostre
Your/ Yours	Vostro	Vostra	Vostri	Vostre
Their/ Theirs	Loro	Loro	Loro	Loro

A) ADJECTIVES

The adjective is a variable word that is added to the name to better determine it and to indicate: the characteristics, qualities, and ways of being. Possessive adjectives indicate that a thing or person belongs to one or more people.

Example: Il mio cane ha sei anni = **my** dog is six years old

Example: Le tue amiche sono divertenti = **your** *(female)* friends are funny

Example: Ieri ho parlato con **vostro** padre = Yesterday I talked to **your** father

Example: Le loro case sono molto costose = **Their** houses are very expensive

B) <u>PRONOUNS</u>

Possessive pronouns are pronouns that serve to specify to whom the person, animal or thing indicated by the name they replace belongs. These pronouns are always preceded by determining article or by an articulated preposition.

Example: Ho un bel giardino, ma preferisco **il tuo** = I have a nice garden but I prefer **yours**

Example: Quelle cuffie sono **le mie** = Those headphones are **mine**

4. VERBS

A lot of people talking about Italian language said that it is easy. This conviction is strongly influenced by the nice and easy pronunciation of the words. Only who has studied this language knows how far from easy is the grammar and especially the verbs and their conjugation. Italian verbs are complicated, there are a lot of tenses, conjugations and exceptions. Fortunately, during an holiday you won't need to know that many verbs. We are going to focus almost exclusively on the simple present form of the most used verbs.

4.1 TO BE, TO HAVE, TO DO

The verbs "to be" and "to have" are called auxiliary verbs (*from the Latin which means "help"*). They are used to construct the compound times (**auxiliary verb + past participle**) of all the other verbs. While the past participle conveys the lexical meaning of the verb, the auxiliary gives us grammatical information.

The verbs "**to be**", "**to have**" and "**to do**" are irregular. Here is the present tense of these verbs:

- **ESSERE – TO BE**

IO **SONO** = I AM TU **SEI** = YOU ARE

LUI/LEI **È** = HE/SHE/IT IS

NOI **SIAMO** = WE ARE

VOI **SIETE** = YOU ARE

LORO **SONO** = THEY ARE

- **AVERE – TO HAVE**

IO **HO** = I HAVE

TU **HAI** = YOU HAVE

LUI/LEI **HA** = HE/SHE/IT HAS

NOI **ABBIAMO** = WE HAVE

VOI **AVETE** = YOU HAVE

LORO **HANNO** = THEY HAVE

- **FARE – TO DO**

IO **FACCIO** = I DO

TU **FAI** = YOU DO

LUI/LEI **FA** = HE/SHE/IT DOES

NOI **FACCIAMO** = WE DO

VOI **FATE** = YOU DO

LORO **FANNO** = THEY DO

3.2. REGULAR VERBS

Italian regular verbs can be classified into three main groups according to the end of their infinitive form.

The **first conjugation** is formed by verbs ending in **-ARE**, such as "mangi**are**" (*to eat*), "am**are**" (*to love*) and "parl**are**" (*to speak*).

4.2.1 PRESENT SIMPLE OF "MANGIARE" AND "PARLARE"

- **MANGIARE – TO EAT**

IO **MANGIO**

TU **MANGI**

LUI/LEI **MANGIA**

NOI **MANGIAMO**

VOI **MANGIATE**

LORO **MANGIANO**

- **PARLARE – TO SPEAK**

IO **PARLO**

TU **PARLI**

LUI/LEI **PARLA**

NOI **PARLIAMO**

VOI **PARLATE**

LORO **PARLANO**

The **second conjugation** is formed by verbs ending in **-ERE** such as "perd**ere**" (*to lose*), "ved**ere**" (*to see*) and "cad**ere**" (*to fall*).

4.2.2 PRESENT SIMPLE OF "PERDERE" AND "VEDERE"

- **PERDERE – TO LOSE**

IO **PERDO**

TU **PERDI**

LUI/LEI **PERDE**

NOI **PERDIAMO**

VOI **PERDETE**

LORO **PERDONO**

- **VEDERE – TO SEE**

IO **VEDO**

TU **VEDI**

LUI/LEI **VEDE**

NOI **VEDIAMO**

VOI **VEDETE**

LORO **VEDONO**

The **third conjugation** is formed by verbs ending in **-IRE**, such as "dorm**ire**" (*to sleep*), "apr**ire**" (*to open*) and "part**ire**" (*to depart*).

4.2.3 PRESENT SIMPLE OF "DORMIRE" AND "APRIRE"

- **DORMIRE – TO SLEEP**

IO **DORMO**

TU **DORMI**

LUI/LEI **DORME**

NOI **DORMIAMO**

VOI **DORMITE**

LORO **DORMONO**

- **APRIRE – TO OPEN**

IO **APRO**

TU **APRI**

LUI/LEI **APRE**

NOI **APRIAMO**

VOI **APRITE**

LORO **APRONO**

4.3 IRREGULAR VERBS

Irregular verbs are verbs that have no rules in their formation.

Irregular verbs are mainly at present, future, conditional and past participle.

Verbs are not always irregular at all times, for example sometimes they are irregular in the present and regular in the future.

Here are some of the most common irregular Italian verbs:

- **ANDARE – TO GO**

IO **VADO**

TU **VAI**

LUI/LEI **VA**

NOI **ANDIAMO**

VOI **ANDATE**

LORO **VANNO**

- **VOLERE – TO WANT**

IO **VOGLIO**

TU **VUOI**

LUI/LEI **VUOLE**

NOI **VOGLIAMO**

VOI **VOLETE**

LORO **VOGLIONO**

- **POTERE – CAN**

IO **POSSO**

TU **PUOI**

LUI/LEI **PUÒ**

NOI **POSSIAMO**

VOI **POTETE**

LORO **POSSONO**

- **DOVERE – MUST/HAVE TO**

IO **DEVO**

TU **DEVI**

LUI/LEI **DEVE**

NOI **DOBBIAMO**

VOI **DOVETE**

LORO **DEVONO**

4.4 ITALIAN PAST TENSE

Italian has a lot of past tenses, but in spoken Italian, you will use the **"passato prossimo"** *(a sort of "near past")* around 95% of the time. The "passato prossimo" is formed with the present tense of the auxiliary verb **"essere"** *(to be)* or **"avere"** *(to have)* + **"participio passato"** *(past participle)*.

Example: I studied/I have studied = Io ho studiato

Example: I ate/I have eaten = Io ho mangiato

Example: I went/I have gone = Io sono andato

You can usually form the past participle of a regular verb from the infinitive of the verb by changing its ending:

- **are = ato**

Example: mangiare = mangiato

- **ere = uto**

Example: avere = avuto

- **ire = ito**

Example: capire = capito

(With "essere" the past participle changes its ending according to the gender and the number of the subject)

The next thing you have to know is whether you need to use "avere" or "essere". The majority of verbs use "avere".

Example: Last week I **ate** watermelon = Settimana scorsa **ho mangiato** l'anguria

Example: They **have bought** a new house = Loro **hanno comprato** una nuova casa

Example: We **visited** Paris a year ago = Un anno fa **abbiamo visitato** Parigi

On the other hand, "essere" is used with verbs of movement, verbs of changing state, reflexive verbs.

Example: William **went** to Rome on Wednesday = William **è andato** a Roma Mercoledì

Example: Jane **went** to the cinema yesterday = Jane **è andata** al cinema ieri

4.5 IRREGULAR PAST PARTICIPLE FORMS

The past participle of a verb is very important to form the compound times and in Italian language it takes many times the irregular form. There are no specific rules, you have to learn every verb. Here you can find some examples:

Fare *(to do)* = **avere fatto**

Bere *(to drink)* = **avere bevuto**

Essere *(to be)* = **essere stato**

Dire *(to say)* = **avere detto**

Vedere *(to see)* = **avere visto**

4.6 ITALIAN FUTURE TENSE

Lastly, we will have a quick look at Italian "**Futuro semplice**", which corresponds with "simple future".

The simple future in Italian indicates an action that still needs to be carried out.

To form the future of Italian verbs, we need to add endings at the root of the verb.

First of all, some **irregular verbs**:

- **ESSERE – TO BE**

IO **SARÒ**

TU **SARAI**

LUI/LEI **SARÀ**

NOI **SAREMO**

VOI **SARETE**

LORO **SARANNO**

- **AVERE – TO HAVE**

IO **AVRÒ**

TU **AVRAI**

LUI/LEI **AVRÀ**

NOI **AVREMO**

VOI **AVRETE**

LORO **AVRANNO**

Then some **regular ones**:

ARE	ERE	IRE
Guardare / To watch	*Credere / To believe*	*Dormire / To sleep*
Io guard**erò**	Io cred**erò**	Io dorm**irò**
Tu guard**erai**	Tu cred**erai**	Tu dorm**irai**

Lui/Lei guard**erà**	Lui/Lei cred**erà**	Lui/Lei dorm**irà**
Noi guard**eremo**	Noi cred**eremo**	Noi dorm**iremo**
Voi guard**erete**	Voi cred**erete**	Voi dorm**irete**
Loro guard**eranno**	Loro cred**eranno**	Loro dorm**iranno**

Here we are, finally, at the end of the grammar chapter. As you can imagine, these are not all the grammar rules of the Italian, but we believe they are the most important to start learning the language and useful to read the book. We would like to advise you to avoid learning these rules by memorizing, it would be useless. Instead, our suggestion is to read as many times as possible, particularly if you have any doubt.

RELAZIONI – RELATIONSHIPS

MEMBRI DELLA FAMIGLIA – FAMILY MEMBERS

1. Famiglia = Family

La mia famiglia è unita.
My family is tight.

2. Zio = Uncle

Mio zio è bravo.
My uncle is nice.

3. Zia = Aunt

Mia zia è una signora anziana.
My aunt is an old lady.

4. Cugino = Cousin

Mio cugino si chiama Peter.
My cousin's name is Peter.

5. Madre = Mother

Mia madre è felice.
My mother is happy.

6. Padre = Father

Mio padre vive qui.
My father lives here.

7. Mamma = Mum

Mia mamma ama il mare.
My mum loves the sea.

8. Papà = Dad

Mio papà adora i cani.
My dad loves dogs.

9. Nonno = Grandfather

Mio nonno ama i gatti.
My grandfather loves cats.

10. Nonna = Grandmother

Mia nonna ama cucinare.
My grandmother loves cooking.

11. Nonni = Grandparents

I miei nonni arrivano domani.
My grandparents will arrive tomorrow.

12. Cognata = Sister-in-law

Mia cognata è americana.
My sister-in-law is American.

13. Cognato = Brother-in-law

Mio cognato ha i capelli rossi.
My brother-in-law has red hair.

14. Nuora = Daughter-in-law

Mia nuora cucina molto bene.
My daughter-in-law cooks very well.

15. Genero = Son-in-law

Suo genero è una persona molto intelligente.
His son-in-law is a very smart person.

16. Suocero = Father-in-law

Ieri sono andato a trovare mio suocero. Mi ha cucinato la pasta.
Yesterday I went to visit my father-in-law. He cooked me pasta.

17. Suocera = Mother-in-law

Mia suocera ama fare shopping.
My mother-in-law loves shopping.

18. Figlio = Son

Il figlio di Mario studia in Inghilterra e parla molto bene inglese.
Mario's son studies in England and he speaks English very well.

19. Figlia = Daughter

Mia figlia è una scrittrice conosciuta.
My daughter is a very well-known writer.

20. Figlio unico = Only child

Mario è figlio unico perché i suoi genitori erano troppo anziani per avere altri figli.
Mario is an only child because his parents were too old to have other children.

21. Nipote = Niece

Mia nipote ama nuotare.
My niece loves swimming.

22. Nipote = Nephew

Mio nipote si chiama Carlo.
My nephew's name is Carlo.

23. Nipote = Granddaughter or Grandson

Amo mio nipote e mia nipote; gioco spesso con loro.
I love my grandson and my granddaughter; I often play with them.

24. Sorella = Sister

Mia sorella è intelligente.
My sister is smart.

25. Fratello = Brother

Mio fratello è geloso.
My brother is jealous.

26. Parenti = Relatives

I miei parenti arrivano domani.
My relatives will arrive tomorrow.

AMORE E AMICIZIA – LOVE AND FRIENDSHIP

27. Amicizia = Friendship

L'amicizia è una cosa magnifica.
Friendship is a magnificent thing.

28.   Amico = Friend

Marco è mio amico.
Marco is my friend.

29. Amica = Friend

Laura è una mia amica.
Laura is my friend.

30. Nemico = Enemy

In Breaking Bad, Tuco è il nemico di Walter.
In Breaking Bad, Tuco is Walter's enemy.

31. Rivale = Rival

Mattia è il rivale in amore di Marco.
Mattia is Marco's romantic rival.

32. Migliore amico = Best friend

Luca è il mio migliore amico.
Luca is my best friend.

33. Fidanzata = Girlfriend

La fidanzata di Matteo è Roberta.
Matteo's girlfriend is Roberta.

34. Fidanzato = Boyfriend

Il fidanzato di Roberta è Matteo.
Roberta's boyfriend is Matteo.

35. Marito = Husband

Ieri Mirko è diventato il marito di Michela.
Yesterday Mirko became Michela's husband.

36. Moglie = Wife

Ieri Michela è diventata la moglie di Mirko.
Yesterday Michela became Mirko's wife.

37. Legame = Bond

L'amicizia è un legame molto forte.
Friendship is a very strong bond.

38. Ragazzo = Boy

Ha 14 anni, è solo un ragazzo.
He is 14 years old, he's just a boy.

39. Ragazza = Girl

Ha 12 anni; è una ragazza.
She is 12 years old; she is a girl.

40. Matrimonio = Marriage

Il nostro matrimonio è felice.
Our marriage is a happy one.

41. Coppia = Couple

Siamo una vera coppia.
We are a real couple.

42. Divorzio = Divorce

Il divorzio è traumatico per i bambini.
Divorce is traumatic for children.

VERBI USATI NELLE RELAZIONI – VERBS USED IN THE RELATIONSHIPS

43. Abbracciare = To hug

Abbraccio sempre mia figlia.
I always hug my daughter.

44. Amare = To love

Amo le fragole!
I love strawberries!

45. Ammirare = To admire

Mara ammira il tuo lavoro.
Mara admires your work.

46. Baciare = To kiss

La mamma bacia il bambino.
The mom kisses the baby.

47. Sposare = To marry

John ha sposato Maria.
John married Maria.

TEMPO – TIME

GIORNI DELLA SETTIMANA – DAYS OF THE WEEK

48. Lunedì = Monday

Oggi è lunedì.
Today is Monday.

49. Martedì = Tuesday

Domani sarà martedì.
Tomorrow will be Tuesday.

50. Mercoledì = Wednesday

Mercoledì andrò in Olanda.
I am going to Holland on Wednesday.

51. Giovedì = Thursday

Giovedì è il compleanno di mia mamma.
On Thursday it's my mum's birthday.

52. Venerdì = Friday

Venerdì sarà soleggiato.
On Friday it will be sunny.

53. Sabato = Saturday

Sabato andrò a scuola.
On Saturday I will go to school.

54. Domenica = Sunday

Domenica è il mio giorno di riposo.
Sunday is my day of rest.

ORE – HOURS

55. Secondo = Second

Quest'auto passa da 0 a 100 km/h in meno di 7 secondi.
This car can go from 0 to 100 km/h in less than 7 seconds.

56. Minuto = Minute

Sette minuti ci separavano dall'inizio dell'esame.
We had seven minutes to go before the start of the exam.

57. Ora = Hour

Ci vogliono due ore e mezza per arrivare lì.
It takes two and a half hours to arrive there.

58. Anticipo = Advance

Il treno è arrivato con dieci minuti di anticipo.
The train arrived ten minutes in advance.

59. Cronometro = Chronometer

Uso il cronometro per provare il mio discorso.
I use the chronometer to practice my speech.

60. Orario = Time

L'orario di partenza è ancora da definirsi.
The departure time is still to be determined.

61. Mezzanotte = Midnight

Come mai non stai dormendo?! È mezzanotte.
Why aren't you sleeping?! It's midnight.

62. Mezzogiorno = Twelve o'clock

È mezzogiorno e vorrei mangiare una pizza in questo momento.
It's twelve o'clock and I would like to eat a pizza right now.

63. Venti e un quarto = Quarter past eight p.m.

Ieri ho cenato alle venti e un quarto.
Yesterday I had dinner at a quarter past eight p.m.

64. Quindici e mezzo = Half past three p.m.

Sono andato da Marco alle quindici e mezzo.
I went to Marco's at half past three p.m.

65. Cinque in punto = Five o'clock

Ieri mi sono svegliato alle cinque in punto.
Yesterday I woke up at five o'clock.

66. Ora legale = Daylight saving time

Quasi tutti i paesi adottano l'ora legale d'estate, ma con date di
passaggio differenti.
Most countries have daylight saving time during summer, although
with different beginning dates.

67. Ora solare = Solar time

Non ho mai capito come funzioni l'ora solare.
I have never understood how solar time works.

68. Conto alla rovescia = Countdown

La folla trattenne il respiro quando iniziò il conto alla rovescia per il lancio.
The crowd held their breath as the countdown to launch began.

69. Ora locale = Local time

L'aereo dovrebbe atterrare alle 4 del mattino, ora locale.
The plane should land at 4 a.m., local time.

70. Fuso orario = Time zone

La mia amica vive in un fuso orario diverso, quindi posso chiamarla solo di mattina.
My friend lives in a different time zone, so I can only call her in the morning.

MESI - MONTHS

71. Gennaio = January

Il mese di gennaio è sempre il più freddo.
January is always the coldest month.

72. Febbraio = February

Febbraio è il mese del mio compleanno!
February is my birthday month!

73. Marzo = March

A marzo inizia la primavera e i fiori sbocciano.
In March, spring begins and flowers bloom.

74. Aprile = April

Ad aprile il tempo è sempre instabile.
In April, the weather is always unstable.

75. Maggio = May

Maggio è un mese importante per la religione cattolica.
May is an important month for the Catholic religion.

76. Giugno = June

A giugno finiscono le scuole.
In June schools are over.

77. Luglio = July

A luglio tutte le nonne portano i bambini al mare.
In July all grandmas take children to the seaside.

78. Agosto = August

Ad agosto le aziende sono chiuse.
In August companies are closed.

79. Settembre = September

A settembre riprendono le scuole: è ora di studiare.
In September schools are back: it's time to study.

80. Ottobre = October

A ottobre arriva finalmente l'autunno.
In October autumn finally arrives.

81. Novembre = November

A novembre il cielo è sempre grigio.
In November the sky is always grey.

82. Dicembre = December

A dicembre è il turno di Natale e Capodanno.
In December it's time for Christmas and New Year's Eve.

STAGIONI – SEASONS

83. Primavera = Spring

La primavera è ricca di profumi e di colori.
Spring is full of scents and colours.

84. Estate = Summer

L'estate è quando maturano i frutti più succosi.
Summer is when the smoothest fruits ripen.

85. Autunno = Autumn

In autunno tutte le colline si colorano di mille sfumature e sembrano dei quadri.
In autumn all hills are coloured by thousand shades and they look like pictures.

86. Inverno = Winter

In inverno gioco con la neve.
In winter I play with snow.

AUGURI, FESTIVITA' E DATE IMPORTANTI – GREETINGS, CELEBRATIONS AND IMPORTANT DATES

87. Buon Anno Nuovo! = Happy New Year!

Dopo il brindisi, buon anno nuovo!
After the toast, Happy New Year!

88. Buon Natale! = Merry Christmas!

Ringrazio tutti per essere venuti e buon Natale!
I thank you all for coming and Merry Christmas!

89. Buona Pasqua! = Happy Easter!

Questa è un'occasione per augurarti una buona Pasqua!
This is an occasion to wish you a Happy Easter!

90. Buone Feste! = Happy Holidays!

Buone feste a tutti voi!
Happy Holidays to you all!

91. Capodanno = New Year's Eve

Dove festeggeremo il Capodanno?
Where will we celebrate New Year's Eve?

92. Carnevale = Carnival

Il carnevale è la festa dove tutti possono essere qualcun altro.
Carnival is the feast where everyone can be someone else.

93. Natale = Christmas

Il giorno di Natale è il 25 Dicembre.
Christmas Day is on December 25th.

94. Festa della Liberazione = Liberation day

La Festa della Liberazione è il 25 aprile.
Liberation Day is on April 25th.

95. Coniglio Pasquale = Easter bunny

Uno dei simboli della Pasqua è il coniglio pasquale.
One of Easter symbols is the Easter bunny.

96. Domenica delle Palme = Palm Sunday

Durante la Domenica delle Palme vengono benedetti gli olivi.
During Palm Sunday olive trees are blessed.

97. Epifania = Epiphany

L'Epifania cade il 6 gennaio.
Epiphany occurs on January 6th.

98. Ferragosto = Mid-August Holiday

A Ferragosto mangiamo tutti insieme.
On Mid-August Holiday we eat all together.

99. Festa del Papà = Father's Day

La Festa del Papà è molto amata da mia figlia.
Father's Day is well-liked by my daughter.

100.   Festa della Donna = Women's Day

La Festa della Donna è un giorno felice.
Woman's Day is a happy day.

101.   Festa della Mamma = Mother's Day

La Festa della Mamma è una festa dolce.
Mother's Day is a sweet feast.

102.   Halloween = Halloween

Farai dolcetto o scherzetto ad Halloween?
Will you go out for trick or treat on Halloween?

103.   Festività = Festivity

Ogni festività è un'occasione per festeggiare.
Every festivity is a chance to celebrate.

104.   Pasqua = Easter

La Pasqua porta con sé la primavera inoltrata.
Easter brings the late spring along.

105.   **San Valentino = Valentine's Day**

San Valentino è la festa degli innamorati.
Valentine's Day is the lovers' feast.

CIBO CHE SI MANGIA DURANTE LE FESTE – FOOD THAT WE EAT DURING FESTIVITIES

106.   **Torta di marzapane = Marzipan cake**

La mamma ha fatto la torta di marzapane.
Mom has made the marzipan cake.

107.   **Uova di cioccolato = Chocolate eggs**

Quante uova di cioccolato hai comprato!
You have bought so many chocolate eggs!

108.   **Uovo di Pasqua = Easter egg**

L'uovo di Pasqua è molto buono.
The Easter egg is very good.

109.   **Dolci a forma di Coniglio = Hot cross bunnies**

Ho fatto dei dolci a forma di coniglio.
I have made hot cross bunnies.

VERBI USATI NELLE FESTIVITA' – VERBS USED DURING FESTIVITIES

110.   **Regalare = To give**

Cosa regali per Natale ai tuoi genitori?
What will you give to your parents for Christmas?

111.   Festeggiare = To celebrate

Io e la mia famiglia festeggiamo Capodanno tutti insieme.
My family and I celebrate New Year's Eve all together.

ANIMALI – ANIMALS

TIPOLOGIE DI ANIMALI – ANIMALS TYPES

112.   Mammiferi = Mammals

Il delfino è un mammifero.
The dolphin is a mammal.

113.   Rettili = Reptile

Nella famiglia dei rettili alcuni sono velenosi.
In the family of reptiles some are poisonous.

114.   Pesci = Fishes

Nell'acquario ci sono molti pesci.
In the aquarium there are a lot of fishes.

115.   Crostacei = Shellfish

Nelle spiagge si possono trovare molti crostacei.
On the shores you can find many shellfishes.

116.   Molluschi = Clams

Le meduse fanno parte della famiglia dei molluschi.
Jellyfishes are part of the clams' family.

117.   Insetti = Bugs

Ho molte punture di insetti.
I have many bugs bites.

118.   Animali da fattoria = Farm animals

Mio zio ha molti animali da fattoria.
My uncle has many farm animals.

119.   Animali selvatici = Wild animals

Gli animali selvatici vivono nella giungla.
Wild animals live in the jungle.

120.   Animali domestici = Pets

Vicino casa mia c'è un negozio per animali domestici.
Near my home there is a pet shop.

ANIMALI DOMESTICI E DA FATTORIA – PET AND FARM ANIMALS

121.   Cane = Dog

Mario ha un cane vivace.
Mario has a lively dog.

122.   Cavallo = Horse

Il cavallo è un animale intelligente.
The horse is an intelligent animal.

123.   Coniglio = Rabbit

Il coniglio è un animale curioso.
The rabbit is a curious animal.

124.   Criceto = Hamster

Il criceto ha dei denti aguzzi.
The hamster has sharp teeth.

125.   Gallina = Hen

La gallina fa le uova.
The hen makes eggs.

126. Gallo = Rooster

Ogni mattina sento cantare il gallo.
Every morning I hear the rooster singing.

127. Gatto = Cat

Il gatto è un animale domestico.
The cat is a pet.

128. Maiale = Pig

Luigi ha sei maiali nella sua fattoria.
Luigi has six pigs in his farm.

129. Mucca = Cow

Nei pascoli di montagna ci sono le mucche.
In the mountain pastures there are cows.

130. Tacchino = Turkey

Marco ha sette tacchini nella sua fattoria.
Marco has seven turkeys in his farm.

131. Topo = Mouse

Il topo mangia il formaggio.
The mouse eats cheese.

132. Asino = Donkey

Mio zio ha un asino nella sua fattoria.
My uncle has a donkey in his farm.

133. Bue = Ox

Quella ragazza è forte come un bue.
That girl is as strong as an ox.

134.   **Mulo = Mule**

Quel mulo è molto aggressivo.
That mule is very aggressive.

135.   **Capra = Goat**

Mio fratello vuole comprare una capra!
My brother wants to buy a goat!

136.   **Pecora = Sheep**

Quella pecora è bianca e quell'altra è nera.
That sheep is white and that other one is black.

ANIMALI SELVATICI – WILD ANIMALS

137.   **Cervo = Deer**

Il cervo ha gambe potenti.
The deer has strong legs.

138.   **Elefante = Elephant**

L'elefante beve con la proboscide.
The elephant drinks with its trunk.

139.   **Leone = Lion**

Il leone ruggisce.
The lion roars.

140.   **Orso = Bear**

L'orso è un animale solitario.
The bear is a lone animal.

141.   Rana = Frog

La rana è un anfibio.
The frog is an amphibian.

142.   Scimmia = Monkey

In alcune culture, la scimmia è un animale domestico.
In some cultures, the monkey is a pet.

143.   Scoiattolo = Squirrel

Nei giardini della città ci sono alcuni scoiattoli.
In the city gardens there are some squirrels.

144.   Serpente = Snake

Ho visto un serpente vicino a casa.
I saw a snake near home.

145.   Volpe = Fox

Ho visto una volpe vicino alla nostra casa.
I saw a fox near our house.

ANIMALI AQUATICI – AQUATIC ANIMALS

146.   Balena = Whale

La balena è un mammifero.
The whale is a mammal.

147.   Delfino = Dolphin

Il delfino ha un corpo lungo e agile.
The dolphin has a long and agile body.

148.   Granchio = Crab

Esistono diverse tipologie di granchi.
There are different types of crabs.

149.   Pesce = Fish

I pesci rossi sono considerati animali domestici da alcune persone.
The goldfish are considered pets by some people.

150.   Squalo = Shark

Oltre la barriera corallina potresti trovare degli squali.
You might find some sharks beyond the reef.

151.   Tartaruga = Turtle

Ogni anno ci impegniamo a salvare delle tartarughe.
Every year we are committed to saving some turtles.

152.   Tonno = Tuna

La pesca del tonno è un'attività tradizionale della Sicilia.
Tuna fishing is a traditional activity in Sicily.

153.   Salmone = Salmon

Hai visto quel salmone? È enorme!
Have you seen that salmon? It's huge!

154.   Spigola = Bass

Quella spigola è molto grande.
That bass is very big.

155.   Orata = Sea bream

Ho comprato un'orata ieri.
I bought a sea bream yesterday.

156.   Trota = Trout

Ti piace la trota?
Do you like trout?

157.   Sogliola = Sole

Al mio amico Freddy non piace la sogliola.
My friend Freddy doesn't like sole.

158.   Polpo = Octopus

Lo vedi quel polpo laggiù?
Can you see that octopus over there?

159.   Aragosta = Lobster

L'aragosta è molto costosa.
Lobster is very expensive.

160.   Gambero = Shrimp

I gamberi camminano all'indietro.
Shrimps walk backwards.

161.   Pesce spada = Swordfish

Il pesce spada è molto gustoso.
Swordfish is very tasty.

UCCELLI – BIRDS

162.   Aquila = Eagle

L'aquila ha grandi ali.
The eagle has large wings.

163.   Colomba = Dove

La colomba è simbolo di pace.
The dove is a symbol of peace.

164.   Gabbiano = Seagull

Ci sono molti gabbiani vicino al mare.
There are a lot of seagulls near the sea.

165.   Pappagallo = Parrot

Francesca ha un pappagallo molto colorato.
Francesca has a very colorful parrot.

166.   Piccione = Pigeon

Le piazze sono piene di piccioni.
Squares are full of pigeons.

167.   Uccello = Bird

Oggi ho visto uno stormo di uccelli.
Today I have seen a flock of birds.

INSETTI – BUGS

168.   Ape = Bee

L'ape produce il miele.
The bee produces honey.

169.   Formica = Ant

La formica è un animale laborioso.
The ant is a hardworking animal.

170.   Farfalla = Butterfly

Esistono molte specie di farfalle.
There are many species of butterflies.

171.   **Ragno = Spider**

Alcuni ragni sono velenosi.
Some spiders are poisonous.

VERBI USATI CON GLI ANIMALI – VERBS USED WITH ANIMALS

172.   **Abbaiare = To bark**

Il tuo cane non smette di abbaiare! È arrabbiato con qualcuno?
Your dog doesn't stop barking! Is it angry with someone?

173.   **Miagolare = To meow**

Amo il mio gatto. Tutte le volte che vado via di casa inizia a miagolare.
I love my cat. Every time I leave my house it starts meowing.

174.   **Muggire = To bellow**

Sono cresciuto in una fattoria e mi ricordo che la mattina sentivo le mucche muggire.
I grew up in a farm and I remember that in the morning I could hear the cows bellowing.

175.   **Nitrire = To whinny**

Quel cavallo nitrisce quando ha fame.
That horse whinnies when it's hungry.

176.   **Squittire = To squeak**

Quale verso fa il topo? Il topo squittisce!
What sound does a mouse make? The mouse squeaks!

177.   Ronzare = To buzz

Odio queste zanzare! Mi ronzano sempre intorno.
I hate these mosquitos! They always buzz around me.

PERSONE – PEOPLE

178.   Allevatore = Breeder

Mio padre è un allevatore di maiali. Tuo padre che lavoro fa?
My father is a pig breeder. What's your father's job?

179.   Gattara = Cat lady

Mia madre mi dice sempre che diventerò una gattara.
My mother always tells me I will become a cat lady.

180.   Veterinario = Vet

Stiamo portando il cane dal veterinario.
We are taking the dog to the vet.

181.   Pescatore = Fisherman

I pescatori escono prima dell'alba.
Fishermen go out before the sunrise.

NUMERI E MISURE – NUMBERS AND MEASUREMENTS

TIPOLOGIE DI NUMERI IN MATEMATICA – TYPES OF NUMBERS IN MATH

182.   Numero pari = Even number

Il numero sedici è un numero pari.
The number sixteen is an even number.

183.   Numero dispari = Odd number

Il numero 13 è un numero dispari.
The number 13 is an odd number.

184.   Numero cardinale = Cardinal number

Il numero 99 è un numero cardinale.
The number 99 is a cardinal number.

185.   Numero ordinale = Ordinal number

Secondo è un numero ordinale.
Second is an ordinal number.

186.   Numero finito = Finite number

Un numero senza decimali è un numero finito.
A number without decimals is a finite number.

187.   Numero primo = Prime number

Il numero tre è un numero primo.
The number three is a prime number.

188.   **Numero relativo = Relative number**

Il numero -3 è un numero relativo.
The number -3 is a relative number.

189.   **Numero periodico = Periodic number**

Pi greco è un numero periodico.
Pi is a periodic number.

190.   **Numero decimale = Decimal number**

23.75 è un numero decimale.
23.75 is a decimal number.

191.   **Numero complesso = Complex number**

La spiegazione del numero complesso non è facile.
The explanation of the complex number is not easy.

192.   **Insieme di numeri = Set of numbers**

Oggi il compito è stato quello di creare un insieme di numeri.
Today the task has been to create a set of numbers.

193.   **Numero irrazionale= Irrational number**

Pi greco è considerato un numero irrazionale.
Pi is what's known as an irrational number.

ALTRE TIPOLOGIE DI NUMERI – OTHER TYPES OF NUMBERS

194.   **Numero casuale = Random number**

Oggi faremo l'estrazione di un numero casuale.
Today we will extract a random number.

195.   **Numero civico = House number**

In questa via non ci sono numeri civici.
In this street there aren't house numbers.

196.   **Numero telefonico = Phone number**

Il mio numero telefonico non è disponibile.
My phone number is not available.

197.   **Numero di carta credito = Credit cart number**

Ho bisogno del suo numero di carta di credito per il pagamento.
I need your credit card number for payment.

198.   **Codice avviamento postale = Zip code**

Il mio codice di avviamento postale è 20100.
My zip code is 20100.

199.   **Latitudine = Latitude**

Dovrebbe dire qualcosa riguardo la latitudine.
It should say something about latitude.

200.   **Longitudine = Longitude**

Il primo numero è una longitudine.
The first number is a longitude.

201.   **Numero di identificazione = I.D. number**

Il suo numero di identificazione è 03.
His I.D. number is 03.

NUMERI – NUMBERS

202.   Numero uno = Number one

Pulire il bagno è la mia priorità numero uno ora.
Cleaning the bathroom is my number one priority right now.

203.   Numero due = Number two

Questo è il numero due.
This is the number two.

204.   Numero tre = Number three

Venga il numero tre.
Number three please come.

205.   Numero quattro = Number four

Il numero quattro è molto forte.
The number four is very strong.

206.   Numero cinque = Number five

Avrai la maglia numero cinque.
You will have the number five t-shirt.

207.   Numero sei = Number six

Domani ci sarà il numero sei.
Tomorrow there will be number six.

208.   Numero sette = Number seven

Il numero sette è fortunato.
The number seven is a lucky one.

209.   Numero otto = Number eight

Il numero otto è un oggetto vintage.
The number eight is a vintage style object.

210.   Numero nove = Number nine

Siamo arrivati al numero nove.
We arrived at number nine.

211.   Numero dieci = Number te

Se mi dai il numero dieci sarò felice.
If you give me the number ten, I'll be happy.

212.   Undici = Eleven

Quanti anni ha tua sorella? Undici?
How old is your sister? Eleven?

213.   Dodici = Twelve

Quante persone ci saranno stasera alla festa? Dodici?
How many people are going to be at the party tonight? Twelve?

214.   Tredici = Thirteen

Mio figlio ha tredici anni, ma è molto intelligente.
My son is thirteen years old, but he is very smart.

215.   Quattordici = Fourteen

Quest'anno ho perso quattordici chili.
This year I've lost fourteen kilos.

216.   Quindici = Fifteen

Mia mamma e mio padre sono sposati da quindici anni.
My mother and my father have been married for fifteen years.

217.   Sedici = Sixteen

Mi puoi dare sedici mele?
Could you give me sixteen apples?

218.   Diciassette = Seventeen

Tuo fratello è nato diciassette anni fa.
Your brother was born seventeen years ago.

219.   Diciotto = Eighteen

Adesso ho diciotto anni e posso andare in vacanza da solo.
I'm eighteen now and I can go on holiday by myself.

220.   Diciannove = Nineteen

Il diciannove è il mio numero fortunato.
Ninteen is my lucky number.

221.   Venti = Twenty

Piero ha venti compagni di classe.
Piero has twenty classmates.

222.   Ventuno = Twenty-one

In America, non puoi comprare alcolici se non hai almeno ventuno anni.
In America, you can't buy alcohol if you aren't at least twenty-one years old.

223.   Ventidue = Twenty-two

Ho comprato questo libro. Costa ventidue euro.
I bought this book. It costs twenty-two euros.

224.   Ventitré = Twenty-three

Maria ha ventitré anni e vive da sola.
Maria is twenty-three years old and she lives alone.

225.   Ventiquattro = Twenty-four

Marisa e il suo fidanzato hanno ventiquattro anni.
Marisa and her boyfriend are twenty-four years old.

226.   Venticinque = Twenty-five

Ieri sera abbiamo venduto venticinque bottiglie di vino.
Last night we sold twenty-five wine bottles.

227.   Ventisei = Twenty-six

Sono nato il ventisei giugno del 1998.
I was born on the twenty-sixth of June 1998.

228.   Ventisette = Twenty-seven

Devo lavorare per i prossimi ventisette anni.
I must work for the next twenty-seven years.

229.   Ventotto = Twenty-eight

Il mio numero preferito è il ventotto, ma non posso dirti perché!
My favourite number is twenty-eight, but I can't tell you why!

230.   Ventinove = Twenty-nine

Quanti anni ha tuo zio? Secondo me lui ha ventinove anni.
How old is your uncle? In my opinion he is twenty-nine years old.

231.   Trenta = Thirty

Ho comprato trenta litri di birra al supermercato.
I bought thirty litres of beer at the supermarket.

232.   Trentuno = Thirty-one

Mia mamma ha trentuno anni.
My mum is thirty-one years old.

233.   Trentaquattro = Thirty-four

Secondo me, vince il numero trentaquattro.
In my opinion, number thirty-four will win.

234.   Trentacinque = Thirty-five

Fumo trentacinque sigarette alla settimana, devo smettere!
I smoke thirty-five cigarettes per week, I must stop!

235.   Trentasei = Thirty-six

Oggi ci sono trentasei ospiti nell'albergo.
Today there are thirty-six guests in the hotel.

236.   Trentasette = Thirty-seven

Ci sono trentasette gatti in questa casa. Come è possibile?
There are thirty-seven cats in this house. How is it possible?

237.   Trentotto = Thirty-eight

La moglie di mio cugino ha trentotto anni.
My cousin's wife is thirty-eight years old.

238.   Quaranta = Forty

Ho bisogno di una vacanza di quaranta giorni!
I need a forty days holiday!

239.   Cinquanta = Fifty

Ci sono cinquanta alunni in questa scuola. È molto piccola!
There are fifty students in this school. It's very small!

240.   Cinquantotto = Fifty-eight

Cinquantotto è il mio numero fortunato.
Fifty-eight is my lucky number.

241.   Cento = One hundred

Mi dai cento dollari? Mi servono per i libri.
Could you give me one hundred dollars please? I need them for the books.

242.   Centoquindici = One hundred fifteen

Mio nonno è morto a centoquindici anni.
My grandfather died at one hundred fifteen years.

243.   Centosettantacinque = One hundred seventy-five

Allo zoo ci sono centosettantacinque animali.
At the zoo there are one hundred seventy-five animals.

244.   Mille = One thousand

Ho provato a risolvere questo problema mille volte, ma non trovo la soluzione.
I have tried to solve this problem one thousand times, but I can't find the solution.

245.   Millequattrocento = One thousand four hundred

Sono stato ad una festa con millequattrocento invitati.
I was at a party with one thousand four hundred guests.

246.   Millenovecentoventidue = One thousand nine hundred twenty-two

Nella mia città ci sono millenovecentoventidue abitanti.
In my city there are one thousand nine hundred twenty-two inhabitants.

247.   Diecimila = Ten thousand

Sono sufficienti dieci mila euro per pagare questa auto?
Are ten thousand dollars enough to pay this car?

248.   Centomila = A hundred thousand

Questa casa costa centomila dollari.
This house costs a hundred thousand dollars.

249.   Tre milioni = Three million

La vincita della lotteria ammonta a tre milioni di euro questa settimana.
The lottery prize is three million euros this week.

250.   Sette miliardi = Seven billion

Ci sono sette miliardi di persone sulla Terra.
There are seven billion people on Earth.

251.   Primo = First

Sono arrivato primo.
I placed first.

252.   Secondo = Second

Ero al secondo anno di liceo.
I was in my second year of high school.

253.   Terzo = Third

Sono sempre il terzo arrivato.
I always place third.

254.   Quarto = Fourth

Gary è arrivato quarto alla gara di nuoto.
Gary finished fourth at the swimming competition.

255.   Quinto = Fifth

Vettel si è qualificato quinto.
Vettel qualified fifth.

256.   Sesto = Sixth

Ero il sesto della mia classe.
I was the sixth of my class.

257.   Settimo = Seventh

Sono la settima generazione della mia famiglia.
I am the seventh generation of my family.

258.   Ottavo = Eighth

Questo è l'ottavo pc che compro.
This is the eighth pc that I buy.

259.   Nono = Ninth

Al nono incrocio gira a destra.
At the ninth intersection, turn right.

260.   Decimo = Tenth

John è il decimo figlio di Theresa.
John is Theresa's tenth son.

261.   Infinito = Infinite

Infinito è un numero grande.
Infinite is a big number.

OPERAZIONI MATEMATICHE – MATHEMATICAL OPERATIONS

262.　　　Frazione = Fraction

La frazione genera un numero decimale.
The fraction generates a decimal number.

263.　　　Percentuale = Percentage

La percentuale è uno strumento matematico per rapportare due grandezze.
The percentage is a mathematical tool relating two quantities.

264.　　　Divisione = Division

La divisione è l'operazione opposta alla moltiplicazione.
Division is the reverse operation to multiplication.

265.　　　Moltiplicazione = Multiplication

La moltiplicazione è l'operazione opposta alla divisione.
Multiplication is the reverse operation to division.

266.　　　Somma = Sum

La somma è il risultato della operazione di addizione.
The sum is the result of the addition operation.

267.　　　Sottrazione = Subtraction

Oggi a scuola devo imparare la sottrazione.
Today at school I must learn subtraction.

268.　　　Derivata = Mathematical derivations

Sai calcolare le derivate?
Can you solve mathematical derivations?

269. Equazione = Equation

Ecco la risposta all'equazione.
And that's the answer to the equation.

270. Integrale = Integral

Gli integrali sono difficili da risolvere.
Integrals are hard to solve.

271. Maggiore = Greater

Uno è maggiore di zero.
One is greater than zero.

272. Massimo comune divisore = Highest common denominator

Il massimo comune divisore tra 4 e 3 è 1.
The highest common denominator between 4 and 3 is 1.

273. Minimo comune multiplo = Least common multiple

Il minimo comune multiplo tra 3 e 2 è 6   .
The least common multiple between 3 and 2 is 6.

274. Minore = Minor

Tre è minore di cinque.
Three is minor than five.

275. Radice quadrata = Square root

La radice quadrata di 4 è 2.
The square root of 4 is 2.

ALTRI TERMINI MATEMATICI – OTHER MATHEMATICAL TERMS

276. Base numerica = Number base

Sai cambiare la base numerica?
Can you change the number base?

277. Sistema binario = Binary system

I computer lavorano con il sistema binario.
Computers work with binary system.

278. Calcolatrice = Calculator

Non posso usare la calcolatrice durante l'esame.
I can't use the calculator during the exam.

279. Costante = Constant

Pi greco è una costante matematica.
Pi is a mathematical constant.

280. Pin = Pass code

Il pin è 170419.
The pass code is 170419.

281. Serie numerica = Numerical series

Completa la serie numerica.
Complete the numerical series.

282. Sistema lineare = Linear system

I sistemi lineari sono facili da risolvere.
Linear systems are easy to solve.

283.   Teorema = Theorem

Il teorema di Pitagora ti sarà utile.
Pythagora's theorem will help you.

MISURAZIONI – MEASUREMENTS

284.   Metro = Metre

Dobbiamo camminare per 600 metri.
We must walk for 600 metres.

285.   Centimetro = Centimetre

Sei più alto di me di pochi centimetri.
You're a few centimetres taller than me.

286.   Millimetro = Millimetre

La graffetta è spessa un millimetro.
The paper clip is one millimetre thick.

287.   Chilometro = Kilometre

Tra un chilometro siamo arrivati a destinazione.
In a kilometre we will arrive at our destination.

288.   Litro = Litre

Il mio acquario contiene 200 litri d'acqua.
My aquarium contains 200 litres of water.

289.   Densità = Density

Il ferro ha una densità più alta del legno.
Iron has a higher density than wood.

290.   Altezza = Height

È un uomo di media altezza.
He is an average height man.

291. Profondità = Depth

Qui l'acqua ha una profondità sconosciuta.
Here water has an unknown depth.

292. Distanza = Distance

È una distanza di 25 km.
It's a 25 km distance.

293. Lunghezza = Length

La lunghezza della casa era 15 metri.
The house had a 15 metres length.

294. Velocità = Speed

Il treno viaggia alla velocità di 100 km/h.
The train travels at the speed of 100 km/h.

295. Potenza = Power

Il motore di una macchina sprigiona tantissima potenza.
The engine of a car releases a lot of power.

296. Accelerazione = Acceleration

L'accelerazione descrive come aumenta la velocità nel tempo.
Acceleration describes how the speed increases in time.

297. Frequenza = Frequency

La mia frequenza respiratoria è molto alta.
My respiratory frequency is very high.

298. Massa = Mass

La tua massa è diminuita notevolmente, hai seguito una dieta?
Your mass has decreased considerably, have you followed a diet?

299. Superficie = Surface

La superficie di quel palazzo è da restaurare.
That building surface is to be restored.

300. Area = Area

L'area di un cerchio dipende dal raggio.
The area of a circle depends on the radius.

301. Volume = Volume

Il volume di quella bottiglia è molto piccolo.
The volume of that bottle is very little.

302. Intensità = Intensity

Hai un'ottima intensità di allenamento.
You have a great training intensity.

303. Peso = Weight

Il mio cane ha un peso nella media.
My dog's weight is average.

304. Chilogrammo = Kilogram

Quel tavolo pesa 15 chilogrammi.
That table weighs 15 kilograms.

305. Decigrammo = Decigram

Il mio quaderno pesa 1 decigrammo.
My notebook weighs 1 decigram.

306. Milligrammo = Milligram

Il milligrammo si usa per pesare piccoli oggetti.
Milligram is used to weight small objects.

307.   Grammo = Gram

Il grammo è l'unità di base della massa.
The gram is the basic unit of mass.

VERBI USATI CON I NUMERI E LE MISURE – VERBS USED WITH NUMBERS AND MEASUREMENTS

308.   Sommare = To sum

Mara somma le sue spese.
Mara sums her expenses.

309.   Moltiplicare = To multiply

Moltiplica per due.
Multiply by two.

310.   Dividere = To divide

Non puoi dividere un numero per zero.
You can't divide a number by zero.

311.   Sottrarre = To deduct

La cassiera sottrae 2 euro di sconto.
The cashier deducts 2 euros discount.

312.   Misurare = To measure

Bill misura le dimensioni della porta.
Bill measures the size of the door.

313.   Contare = To count

Johanna conta i soldi che le restano nel portafoglio.
Johanna counts the remaining money in the wallet.

GIORNATA E ROUTINE – DAY AND ROUTINE

PARTI DELLA GIORNATA – PARTS OF THE DAY

314.   Alba = Dawn

Stamattina mi sono svegliato all'alba.
This morning I woke up at dawn.

315.   Mattino = Morning

Mi sveglio presto ogni mattina.
I wake up early every morning.

316.   Pomeriggio = Afternoon

Spesso mi annoio nel pomeriggio.
I often get bored in the afternoon.

317.   Sera = Evening

La sera amo guardare la tv sul divano.
In the evening I love watching TV on the sofa.

318.   Tramonto = Sunset

Esco di casa al tramonto.
I leave home at sunset.

319.   Notte = Night

Vado a dormire tardi di notte.
I go to bed late at night.

ROUTINE QUOTIDIANA – DAILY ROUTINE

320.   **Svegliarsi = To wake up**

Ogni mattina mi sveglio all'alba.
Every morning I wake up at dawn.

321.   **Colazione = Breakfast**

Mangio latte e cereali per colazione.
I eat milk with cereals for breakfast.

322.   **Lavarsi i denti = To brush one's teeth**

Lavo i denti ogni mattina.
I brush my teeth every morning.

323.   **Fare la doccia = To get a shower**

Faccio sempre la doccia appena torno a casa.
I always get a shower when I come back home.

324.   **Vestirsi = To dress**

Mi vesto sempre bene.
I always dress nicely.

325.   **Andare a Lavoro = To go to work**

Vado a lavoro ogni giorno alle 15:00.
I go to work every day at 3.00 PM.

326.   **Fare i compiti = To do homework**

Di solito faccio i compiti appena torno da scuola.
I usually do my homework as soon as I come back from school.

327.   Pranzo = Lunch

Mangio sempre un panino per pranzo.
I always eat a sandwich for lunch.

328.   Aperitivo = Drink

Ci vediamo domani per un aperitivo?
Shall we see tomorrow for a drink?

329.   Cena = Dinner

Preparo la cena per i miei nonni.
I'm cooking dinner for my grandparantes.

330.   Navigare sul web = To surf the web

Navigo spesso sul web.
I often surf the web.

331.   Portare fuori la spazzatura = To take out the trash

Porto sempre fuori la spazzatura.
I always take out the trash.

332.   Riposo = Relax

La domenica è il mio giorno di riposo.
Sunday is my relax day.

TEMPO LIBERO – FREE TIME

INTRATTENIMENTO – ENTERTAINMENT

333.   Andare al cinema = To go to the cinema

A me piace andare al cinema.
I like going to the cinema.

334.   Andare in discoteca = To go to the disco

Io sabato sera devo andare in discoteca.
I must go to the disco on Saturday night.

335.   Ascoltare la musica = To listen to music

Ascoltare la musica mi rilassa molto.
Listening to music relaxes me a lot.

336.   Bere whiskey = To drink whisky.

Mi piace bere whiskey e scoprirne le varie tipologie.
I like drinking whiskey and discovering its various types.

337.   Uscire la sera = To go out in the evening

Cosa mi piace fare? Uscire la sera!
What do I like doing? Going out in the evening!

338.   Guardare il calcio = To watch football

Guardo il calcio, perché mi appassiona.
I watch football because I'm passionate about it.

339.   Guardare la televisione = To watch the television

Luca guarda la televisione con sua mamma.
Luca watches the television with his mum.

HOBBY - HOBBIES

340.   Astronomia = Astronomy

Mio padre ama molto l'astronomia: spesso osserva le stelle in montagna.
My father loves astronomy very much: he often observes the stars when he is at the mountains.

341.   Bricolage = Bricolage

Il bricolage è una attività che può portare risultati soddisfacenti.
Bricolage is an activity that can give satisfactory results.

342.   Caccia = Hunting

La caccia è un passatempo inutile e crudele.
Hunting is an useless and cruel hobby.

343.   Cantare in un coro = To sing in a choir

Canto in un coro perché stare insieme mi fa stare bene.
I sing in a choir because being together makes me feel good.

344.   Canto = Singing

Si dedica al canto nel suo tempo libero.
He dedicates himself to singing in his free time.

345.   Collezionismo = Collecting

Il collezionismo è molto diffuso.
Collecting is widespread.

346.   Creazione di gioielli = Making jewelry

Franca da sempre si dedica alla creazione di gioielli e i risultati sono molto belli.

Franca has always dedicated herself to making jewelry and the results are very beautiful.

347.   Decoupage = Decoupage

Una delle nuove attività proposte è il decoupage.
One of the new proposed activities is decoupage.

348.   Disegnare = To draw

Lisa ama disegnare animali durante il suo tempo libero.
Lisa loves drawing animals during her free time.

349.   Giardinaggio = Gardening

Mia madre si dedica al giardinaggio perché la fa stare bene.
My mother is dedicated to gardening because it makes her feel good.

350.   Giocare a carte = To play cards games

Molti giocano a carte nei bar.
Many people play cards games in the coffee shops.

351.   Giocare ai videogiochi = To play video games

Luigi ama giocare ai videogiochi, soprattutto quelli di calcio.
Luigi loves playing video games, especially those regarding soccer.

352.   Giochi da tavolo = Board games

Ho molti giochi da tavolo.
I have many board games.

353.   Intagliare = To carve

Mio padre sta imparando ad intagliare il legno.
My father is learning to carve wood.

354. **Lavorare a maglia = To knit**

C'è chi lavora a maglia nel tempo libero.
There are people who knit in their free time.

355. **Lettura = Reading**

La lettura è uno degli interessi più costruttivi che possa esistere.
Reading is one of the most productive activities existing.

356. **Libri da colorare = Coloring books**

Ho comprato una serie di libri da colorare a mio figlio.
I bought a set of coloring books for my son.

357. **Magia = Magic**

Marco si interessa di magia.
Marco is interested in magic.

358. **Modellismo = Modeling**

C'è chi ama il modellismo anche se è caro.
There are people who love modeling even if it is expensive.

359. **Origami = Origami**

Sai fare gli origami?
Can you make origami?

360. **Parole crociate = Crossword puzzles**

Le signore anziane amano fare le parole crociate.
Old ladies love doing crossword puzzles.

361. **Pittura = Painting**

La pittura è un hobby complicato, ma soddisfacente.
Painting is a complicated but satisfying hobby.

362.   Punto croce = Cross-stitch

Sono molto brava a punto croce.
I am very skilled in cross-stitch.

363.   Puzzle = Puzzle

Amo fare i puzzle, ne ho tanti a casa mia.
I love doing puzzles, I have many of them at my house.

364.   Scacchi = Chess

Luigi gioca a scacchi.
Luigi plays chess.

365.   Scolpire = Sculpting

Scolpire implica un certo impegno e bravura.
Sculpting needs big commitment and skill.

366.   Scolpire il legno = To sculpt wood

Ti piace scolpire il legno?
Do you like sculpting wood?

367.   Scrittura creativa = Creative scripture

Ho da poco conosciuto la scrittura creativa.
I have recently known about creative writing.

368.   Tiro a segno = Shooting range

Quando ho un attimo libero vado a fare tiro a segno.
When I have free time, I practice shooting range.

369.   Uncinetto = Crochet

L'uncinetto è la mia passione: so fare di tutto.
Crochet is my passion: I can do everything.

MUSICA – MUSIC

370.   Musica = Music

La musica è una espressione dell'arte.
Music is an expression of art.

371.   Musica classica = Classical music

Franca ama la musica classica e partecipa a tutti i concerti.
Franca loves classical music and she attends all the concerts.

372.   Pop = Pop

La musica pop è la mia preferita.
Pop music is my favourite.

373.   Radioascolto = Radio listening

Sarà strano, ma il mio hobby è il radioascolto.
Maybe it could seem odd, but my hobby is radio listening.

374.   Rock = Rock

Il rock sa dare energie incredibili.
Rock knows how to give you incredible energy.

375.   Suonare il pianoforte = To play the piano

Mara suona il pianoforte da quando era bambina.
Mara has been playing the piano since she was a child.

376.   Suonare la chitarra = To play the guitar

Mario suona molto bene la chitarra.
Mario plays the guitar very well.

377. **Suonare uno strumento musicale = To play a musical instrument**

Suonare uno strumento musicale è un'ottima iniziativa.
Playing a musical instrument is a great initiative.

STRUMENTI MUSICALI – MUSICAL INSTRUMENTS

378. **Pianoforte = Piano**

Jerry suona il pianoforte ogni mattina.
Jerry plays the piano every morning.

379. **Violino = Violin**

Il violino è il mio strumento preferito.
The violin is my favourite instrument.

380. **Chitarra classica = Classic guitar**

Io so suonare la chitarra classica.
I can play the classic guitar.

381. **Batteria = Drum**

Il mio vicino suona la batteria di notte.
My neighbor plays the drums at night.

382. **Basso = Bass**

Il basso è uno strumento poco suonato.
The bass is a not very played instrument.

383. **Chitarra elettrica = Electric guitar**

La chitarra elettrica è molto usata dai gruppi metal.
The electric guitar is widely used in metal bands.

384.   Fisarmonica = Accordion

La fisarmonica è uno strumento molto antico.
The accordion is a very ancient instrument.

385.   Sassofono = Saxophone

Il sassofono è suonato dai jazzisti.
The saxophone is played by jazzmen.

SPORT – SPORT

PERSONE – PEOPLE

386.   Allenatore = Trainer

Andrea ha un allenatore che lo segue ogni giorno.
Andrea has a trainer who works with him every day.

387.   Personal trainer = Personal trainer

Ho bisogno di un personal trainer.
I need a personal trainer.

388.   Atleta = Athlete

È un atleta di rilievo nazionale.
He's a nationally acclaimed athlete.

389.   Attaccante = Striker

Giocare da attaccante non mi era mai piaciuto.
I had never liked playing as a striker.

390.   Capitano = Captain

Dopo tanti sacrifici Luca si è finalmente guadagnato la fascia di capitano.
After many sacrifices Luca finally got his team captain band.

391.   Commissario tecnico = Head coach

Lui è il commissario tecnico della squadra.
He is the head coach of the team.

392.   Difensore = Defender

Non mi piace giocare da difensore.
I don't like playing as a defender.

393.   Direttore sportivo = Team manager

Paolo è il nostro direttore sportivo.
Paolo is our team manager.

394.   Direttore tecnico = Technical manager

Ho ricevuto un'offerta di lavoro come direttore tecnico.
I received a job offer as technical manager.

395.   Giudice sportivo = Referee

Il giudice sportivo ha squalificato il portiere.
The referee disqualified the goalkeeper.

396.   Giocatore di calcio = Soccer player

I giocatori di calcio sono molto pagati.
Soccer player are highly paid.

397.   Giocatore di basket = Basket player

L'NBA è molto ambita dai giocatori di basket.
The NBA is much sought after by basket player.

398.   Sciatore professionista = Professional skier

Gli sciatori professionisti si allenano tutto l'anno.
Professional skiers train all year.

399.   Tennista = Tennis player

I tennisti spesso hanno un braccio più grande.
The tennis players often have a bigger arm.

400.   **Telecronista sportivo = Sports commentator**

Il telecronista sportivo aveva finito la voce.
The sports commentator had lost his voice.

TIPOLOGIE DI SPORT – TYPES OF SPORT

401.   **Aerobica = Aerobics**

È importante fare mezz'ora di aerobica durante ogni allenamento.
It is important to do half an hour of aerobics during each workout.

402.   **Nuoto = Swimming**

Andavo a lezione di nuoto quando ero piccolo.
I used to take swimming lessons when I was a child.

403.   **Pallavolo = Volleyball**

Mi piace giocare a pallavolo.
I like playing volleyball.

404.   **Arrampicata = Climbing**

L'arrampicata è una pratica molto diffusa tra i giovani.
Climbing is a widespread practice among young people.

405.   **Arti marziali = Martial arts**

Le arti marziali? Sono una fissazione per me.
Martial arts? I'm obsessed with them.

406.   **Ballo = Dancing**

Amo il ballo e vado a lezione con mio marito due volte a settimana.
I love dancing and I take lessons with my husband twice a week.

407. Bowling = Bowling

Ogni sabato andiamo a giocare a bowling.
Every Saturday we go to play bowling.

408. Calcio = Football

La domenica seguo sempre il calcio.
On Sundays I always follow football.

409. Biliardo = Billiards

Non ho mai capito le regole del biliardo.
I have never understood the rules of billiards.

410. Bocce = Bocce

Mio nonno gioca a bocce.
My grandfather plays bocce.

411. Braccio di ferro = Arm wrestling

Sono forte a braccio di ferro.
I'm strong at arm wrestling.

412. Ciclismo = Cycling

Il ciclismo è uno sport martoriato dall'uso di sostanze dopanti.
Cycling is a sport battered by the use of doping substances.

413. Deltaplano = Hang gliding

Sento l'adrenalina buttandomi con il deltaplano.
I feel the adrenaline jumping with the hang gliding.

414. Fare jogging = Jogging

Fare jogging ogni mattina mi rilassa e allo stesso tempo mi fa stare bene.

Jogging every morning relaxes me and, at the same time, makes me feel good.

415.   Golf = Golf

Giocando a golf ho conosciuto persone molto interessanti.
By playing golf I met very interesting people.

416.   Equitazione = Horse riding

Non sono interessato a sport costosi come l'equitazione.
I'm not interested in expensive sports like horse riding.

417.   Ginnastica artistica = Artistic gymnastics

Silvia iniziò a dedicarsi alla ginnastica artistica quando era ancora all'asilo.
Silvia began to devote herself to artistic gymnastics when she was still in kindergarten.

418.   Immersione = Diving

Il mio sport è l'immersione.
My sport is diving.

419.   Lancio del peso = Shot put

Davide è il migliore della classe nel lancio del peso.
Davide is the best in the class in shot put.

420.   Lotta libera = Wrestling

La lotta libera è uno sport di combattimento.
Wrestling is a combat sport.

421.   Pattinaggio = Skating

Devo andare, ho l'allenamento di pattinaggio.
I must go, I have skating training.

422.   Ping-pong = Table tennis

Sara è molto brava a ping-pong.
Sara is very good at table tennis.

423.   Rafting = Rafting

Ho sempre sognato di praticare rafting.
I've always dreamed of practice rafting.

424.   Yoga = Yoga

Fare yoga ogni giorno mi ha cambiato la vita.
Practicing yoga every day has changed my life.

425.   Basket = Basketball

Non mi piace giocare a basket.
I don't like playing basketball.

TERMINI SPORTIVI – SPORTS TERMS

426.   Autogol = Own goal

La squadra di casa ha perso con un autogol.
The home team lost with an own goal.

427.   Campo sportivo = Sports field

Vediamoci al campo sportivo.
Let's meet at the sports field.

428.   Cedimento muscolare = Muscle failure

Ho avuto un cedimento muscolare una settimana fa.
I had a muscle failure a week ago.

429.   Federazione sportiva = Sports federation

La FIGC è una federazione sportiva.
FIGC is a sports federation.

430.   Finale = Final

Si gioca oggi la finale del torneo.
The tournament's final is being played today.

431.   Fuorigioco = Offside

Il gol è stato annullato per fuorigioco.
The goal was cancelled for offside.

432.   Girone = Round

La nostra squadra finì nello stesso girone dell'Australia.
Our team ended up in the same round as Australia.

433.   Gol = Goal

La squadra di casa ha segnato tre gol nella partita.
The home team scored three goals in the match.

434.   Squadra di calcio = Football team

La mia squadra di calcio preferita è passata in serie B.
My favorite football team has moved into the B series.

435.   Massima velocità = Maximum speed

Ha vinto gareggiando alla sua massima velocità.
He won by competing at his maximum speed.

436.   Medaglia d'oro = Gold medal

Si è guadagnato la medaglia d'oro.
He earned the gold medal.

437.   Medaglia d'argento = Silver medal

Si è guadagnato la medaglia d'argento.
He earned the silver medal.

438.   Medaglia di bronzo = Bronze medal

Peccato per la medaglia di bronzo, meritava di più.
Too bad for the bronze medal, he deserved more.

439.   Maratona = Marathon

La maratona è difficile anche per i più allenati.
The marathon is difficult even for the most trained.

440.   Palla = Ball

Il calciatore ha mandato la palla in rete.
The footballer sent the ball into the net.

441.   Pressione = Pressing

I giocatori hanno fatto una lunga pressione sulla squadra avversaria.
The players have done a long pressing to the opposite team.

442.   Prestazione sportiva = Sports performance

Ha avuto una buona prestazione sportiva.
He had a good sports performance.

443.   Replay = Replay

Grazie al replay del VAR, l'arbitro ha notato il fallo.
Thanks to the VAR replay, the referee noticed the foul.

444.   Resistenza = Stamina

Ci vuole una discreta resistenza fisica.
You need a good deal of stamina.

445.   Rincorsa = Run-up

Per segnare il rigore, ha preso una rincorsa di più di 3 metri.
To score the penalty, he took a run-up of more than 3 meters.

446.   Riscaldamento = Warm-up

Facciamo alcuni esercizi di riscaldamento prima della partita.
Let's do a few warm-up exercises before the game.

447.   Schema = Game plan

Quell'allenatore era noto per gli schemi di gioco innovativi.
That coach was well-known for his innovative game plans.

448.   Scudetto = Championship

La Juventus ha vinto il suo ottavo scudetto.
Juventus won its eighth championship.

449.   Spareggio = Playoff

Con quel risultato saremmo andati allo spareggio.
With that result we would have gone to the playoff.

450.   Spogliatoio = Dressing room

La piscina di paese è così piccola che ha lo stesso spogliatoio per uomini e donne.
The village swimming pool is so small that it has the same dressing room for both men and women.

451.   Sport professionistico = Professional sport

Fin da piccolo sognavo di praticare uno sport professionistico.
Since I was a child I dreamed of practicing a professional sport.

452.   Squalifica = Disqualification

Per un fallo molto grave si passa direttamente alla squalifica.
For a very serious foul you go directly to disqualification.

453.   Stagione sportiva = Sports season

Una nuova stagione sportiva inizierà a settembre.
A new sports season will start in September.

454.   Tempi supplementari = Extra time

La partita si è conclusa ai tempi supplementari.
The match ended at extra time.

455.   Tempo di recupero = Recovery time

L'arbitro ha dato 5 minuti di recupero.
The referee gave 5 minutes of recovery time.

456.   Torneo a eliminazione diretta = Single elimination tournament

La scuola ha organizzato un torneo a eliminazione diretta.
The school organized a single elimination tournament.

457.   Trofeo = Trophy

Il vincitore dello scudetto riceve un trofeo.
The winner of the championship receives a trophy.

VERBI USATI NEGLI SPORT – VERBS USED IN THE SPORT

458.   Saltare = To jump

Francesca salta l'ostacolo.
Francesca jumps over the hurdle.

459.   Correre = To run

Correre è salutare.
Running is healthy.

460.   Allenarsi = To train

Bisogna allenarsi per essere in forma.
You need to train to be fit.

461.   Giocare = To play

Luigi gioca sempre.
Luigi always plays.

462.   Vincere = To win

Maria ha vinto la gara.
Maria won the race.

CULTURA E RELIGIONI – CULTURE AND RELIGIONS

LINGUE E NAZIONALITA' – LANGUAGES AND NATIONALITIES

463.   Africano = African

Yannick è africano.
Yannick is African.

464.   Albanese = Albanian

L'albanese è la lingua ufficiale dell'Albania.
Albanian is the official language of Albania.

465.   Americano = American

Michael è americano.
Michael is American.

466.   Arabo = Arabic

Sto studiando l'arabo.
I'm studying Arabic.

467.   Cinese = Chinese

C'è un ristorante cinese sotto casa.
There is a Chinese restaurant downstairs.

468.   Coreano = Korean

In Corea si parla il coreano.
In Korea, it is spoken Korean language.

469.   Danese = Danish

Il danese è la lingua ufficiale della Danimarca.
Danish is the official language of Denmark.

470.   Ebraico = Hebrew

L'ebraico è una lingua che solo pochi sanno.
Hebrew is a language that only few knows.

471.   Egiziano = Egyptian

L'egiziano è la lingua parlata in Egitto.
Egyptian is the language spoken in Egypt.

472.   Francese = French

Renato è francese.
Renato is French.

473.   Giapponese = Japanese

Sto studiando il giapponese.
I'm studying Japanese.

474.   Greco = Greek

Il greco è la lingua ufficiale della Grecia.
Greek is the official language of Greece.

475.   Indonesiano = Indonesian

Marta sa parlare indonesiano.
Marta can speak Indonesian.

476.   Inglese = English

Tutti dovrebbero conoscere l'inglese.
Everyone should know English.

477.   Italiano = Italian

Sai parlare italiano?
Can you speak Italian?

478.   Messicano = Mexican

Pablo è messicano.
Pablo is Mexican.

479.   Mongolo = Mongolian

Luca sa parlare il mongolo.
Luca can speak Mongolian.

480.   Olandese = Dutch

L'Olandese è parlato in Olanda.
Dutch is spoken in the Netherlands.

481.   Portoghese = Portuguese

Laura parla il portoghese.
Laura speaks Portuguese.

482.   Russo = Russian

Matteo sa parlare in russo.
Matteo can speak Russian.

483.   Serbo = Serbian

Marta parla in serbo.
Marta speaks Serbian.

484.   Spagnolo = Spanish

Pablo è spagnolo.
Pablo is Spanish.

485.   Svedese = Swedish

Tyrell Wellick è svedese.
Tyrell Wellick is Swedish.

486.   Tedesco = German

Piero sa parlare tedesco.
Piero can speak German.

487.   Tibetano = Tibetan

Il tibetano è parlato in Tibet.
Tibetan is spoken in Tibet.

PERSONE – PEOPLE

488.   Interprete = Interpreter

Per la riunione ci vuole un'interprete.
For the meeting we need an interpreter.

489.   Madrelingua = Mother tongue

Io sono madrelingua italiano.
I am Italian mother tongue.

490.   Bilingue = Bilingual

Billie è bilingue, parla francese e spagnolo.
Billie is bilingual, he speaks French and Spanish.

491.   Traduttore = Translator

Io uso il traduttore, se ne ho bisogno.
I use the translator, if I need it.

RELIGIONE – RELIGION

492.   **Dio = God**

Grazie a Dio!
Thank God!

493.   **Prete = Priest**

Il prete è colui che celebra la messa.
The priest is the one who celebrates the Mass.

494.   **Suora = Nun**

Mia zia Maria è diventata suora.
My aunt Maria has become a nun.

495.   **Sacrestia = Sacristy**

La sacrestia è dove il prete si prepara per celebrare la messa.
The sacristy is where the priest prepares to celebrate Mass.

496.   **Altare = Altar**

L'altare è posto al centro della chiesa.
The altar is placed in the center of the church.

497.   **Bestemmia = Blasphemy**

La bestemmia è un'ingiuria o un epiteto offensivo riferito a Dio.
Blasphemy is an insult or offensive epithet referring to God.

498.   **Allah = Allah**

Allah è una parola araba che significa Dio.
Allah is an Arabic word that means God.

499.   Gesù = Jesus

Gesù è il fondatore del cristianesimo.
Jesus is the founder of Christianity.

500.   Maometto = Muhammad

Maometto è stato il fondatore e il profeta dell'Islam.
Muhammad was the founder and prophet of Islam.

501.   Crocifisso = Crucifix

In ogni scuola italiana c'è un crocifisso.
In every Italian school there is a crucifix.

502.   Religione = Religion

Esistono decine di religioni diverse.
There are dozens of different religions.

503.   Preghiera = Prayer

Ogni sera Marco si ritira in preghiera.
Every evening Marco retires in prayer.

504.   Culto = Cult

Il culto ebraico è molto articolato.
The Jewish cult is very articulated.

505.   Moschea = Mosque

La moschea è il luogo di preghiera per i fedeli dell'Islam.
The mosque is the place of prayer for the faithful of Islam.

506.   Ebraismo = Judaism

L'ebraismo è una religione diffusa nel popolo ebraico.
Judaism is a religion widespread among the Jewish people.

507. Spiritismo = Spiritism

Lo spiritismo è una dottrina apparsa nel 1857 in Francia.
Spiritism is a doctrine that appeared in 1857 in France.

508. Sikhismo = Sikhism

Il sikhismo è una religione monoteista nata in India.
Sikhism is a monotheistic religion born in India.

509. Buddhismo = Buddhism

Il buddhismo è una delle religioni più diffuse al mondo.
Buddhism is one of the most widespread religions in the world.

510. Induismo = Hinduism

L'induismo è una delle religioni più antiche al mondo.
Hinduism is one of the oldest religions in the world.

511. Islam = Islam

L'Islam è una religione monoteista.
Islam is a monotheistic religion.

512. Cristianesimo = Christianity

Il cristianesimo è una religione universalistica.
Christianity is a universalistic religion.

513. Protestantesimo = Protestantism

Il protestantesimo è una branca del cristianesimo moderno.
Protestantism is a branch of modern Christianity.

514. Ortodosso = Orthodox

Mio padre è cattolico, mia madre ortodossa.
My father is Catholic, my mother is Orthodox.

515.   Ateo = Atheist

Si è sempre dichiarato ateo.
He's always declared himself an atheist.

VERBI USATI CON LE LINGUE E LE RELIGIONI – VERBS USED WITH LANGUAGE AND RELIGIONS

516.   Tradurre = To translate

So tradurre il greco.
I can translate Greek.

517.   Pregare = To pray

Sara prega la domenica.
Sara prays on Sunday.

518.   Confessare = To confess

Erika ha confessato i suoi peccati al prete.
Erika confessed her sins to the priest.

AGGETTIVI – ADJECTIVES

519.   Abbronzato = Tanned

Luca mi sembra abbronzato, è stato al mare?
Luca seems tanned, has he been to the sea?

520.   Affabile = Pleasant

Mi piace stare in sua compagnia perché è una persona simpatica e affabile.
I like being in his company because he is a nice and pleasant person.

521.   Affettuoso = Affectionate

Bonnie è sempre stata una persona affettuosa; adora abbracciare le persone e stringerne le mani.
Bonnie has always been an affectionate person; she loves hugging people and holding their hands.

522.   Affidabile = Reliable

Sono affidabili questi dati?
Is this data reliable?

523.   Allegro = Cheerful

Fiona di solito è allegra di mattina.
Fiona is usually cheerful in the morning.

524.   Alto = Tall

Quel grattacielo è alto, ma quello nuovo in costruzione a fianco sarà ancora più alto.
That skyscraper is tall but the new one they're building beside will be even taller.

525.   Ambizioso = Ambitious

Era abbastanza ambiziosa da mirare alla presidenza dell'azienda.
She was ambitious enough to aim for the company's presidency.

526.   Amichevole = Friendly

È una persona talmente amichevole. Piace a tutti.
He's such a friendly person. Everyone likes him.

527.   Antipatico = Unpleasant

Il nuovo ragazzo di mia sorella è davvero antipatico.
My sister's new boyfriend is really unpleasant.

528.   Arrogante = Arrogant

Il supervisore del nostro dipartimento è arrogante e maleducato.
The supervisor of our department is arrogant and rude.

529.   Assennato = Sensible

Era un professionista assennato e ci si poteva fidare di lui.
He was a sensible professional and he could be trusted.

530.   Atletico = Athletic

I calciatori hanno un fisico atletico.
The football players have an athletic body.

531.   Autoritario = Authoritative

Il suo tono autoritario mise rapidamente in riga gli studenti
indisciplinati.
His authoritative tone quickly brought the unruly students back in
line.

532.   Avaro = Mean

Al contrario del suo generoso fratello, lui è un uomo avaro.
Unlike his generous brother, he is a mean man.

533.   Avventuroso = Adventurous

Non sono abbastanza avventuroso da provare lo skydiving.
I'm not adventurous enough to try sky-diving.

534.   Basso = Short

Nella mia famiglia siamo tutti molto bassi.
In my family we're all very short.

535.   Bello = Beautiful

In Scozia, il paesaggio è molto bello.
In Scotland, the landscape is very beautiful.

536.   Benestante = Wealthy

Ho avuto la fortuna di crescere in una famiglia benestante.
I was lucky enough to grow up in a wealthy family.

537.   Brillante = Brilliant

È sempre stato uno studente brillante.
He's always been a brilliant student.

538.   Brutto = Bad

Ho paura di avere brutte notizie per voi.
I'm afraid I have some bad news for you.

539.   Buono = Good

Ha studiato molto e ha avuto dei buoni voti quest'anno.
He studied hard and got good grades this year.

540. Calmo = Calm

Era calmo nonostante la pressione che aveva addosso.
He was calm despite the pressure on him.

541. Cattivo = Bad

La ricezione del televisore era cattiva.
The television reception was bad.

542. Cicciottello = Chubby

Ellen non era sovrappeso, ma si vedeva cicciottella.
Ellen was not overweight, but she considered herself chubby.

543. Coraggioso = Brave

I soldati coraggiosi si precipitarono sul campo di battaglia.
The brave soldiers rushed onto the battlefield.

544. Creativo = Creative

Il mio insegnante di materie artistiche è molto creativo e produce opere molto originali.
My art teacher is very creative and produces really original works.

545. Deciso = Resolute

Non è mai molto deciso nei suoi rapporti personali.
He's never very resolute in his personal relationships.

546. Determinato = Determined

Quando voglio qualcosa, so essere molto determinato.
When I want something, I can be very determined.

547. Di carattere dolce = Sweet-tempered

Paola è una ragazza di carattere dolce.

Paola is a sweet-tempered girl.

548.   Di mezza età = Middle-aged

È una donna di mezz'età.
She is a middle-aged woman.

549.   Diabolico = Diabolical

La sua faccia sorrideva in modo gentile, ma la sua risata era
diabolica.
His face was smiling kindly, but his laugh was diabolical.

550.   Disinteressato = Disinterested

Abbiamo bisogno dell'opinione di una parte disinteressata.
We need the opinion of a disinterested party.

551.   Disonesto = Dishonest

Bisogna stare attenti a non circondarsi di amici disonesti.
We must be careful not to surround ourselves with dishonest friends.

552.   Dispettoso = Naughty

Anthony è un ragazzo dispettoso e gioca sempre dei brutti tiri.
Anthony is a naughty boy and he always plays bad tricks.

553.   Disponibile = Helpful

Sara è una ragazza sempre carina e disponibile.
Sara is always a nice and helpful girl.

554.   Educato = Polite

Le persone educate non discutono in pubblico.
Polite people don't argue in public.

555.   Egoista = Selfish

Non farà questa cosa per te perché è molto egoista.
She won't do that for you because she is very selfish.

556.   Emotivo = Emotional

È una persona emotiva.
He is an emotional person.

557.   Energico = Energetic

I bambini stanno diventando troppo energici per i loro nonni.
Children are getting too energetic for their grandparents.

558.   Entusiasta = Enthusiastic

Adam è uno studente entusiasta che fa sempre domande interessanti in classe.
Adam is an enthusiastic student who always asks interesting questions in the classroom.

559.   Estroverso = Outgoing

Glenn è estroversa: adora andare alle feste e non ha problemi a parlare con gli estranei.
Glenn is outgoing; she loves going to parties and she doesn't mind talking to strangers.

560.   Esuberante = Exuberant

La personalità esuberante di Sally attraeva molti ammiratori.
Sally's exuberant personality attracted many admirers.

561.   Fiducioso = Confident

Non sono fiducioso sull'esito del mio colloquio con l'assessore.
I'm not very confident about the outcome of my interview with the assessor.

562. Geloso = Jealous

Era geloso di suo fratello che era più intelligente e più carino di lui.

He was jealous of his brother who was smarter and better looking than him.

563. Generoso = Generous

Nate era generoso con i suoi amici, ma trascurava i suoi bisogni.
Nate was generous to his friends, but he neglected his own needs.

564. Giovane = Young

È ancora giovane ed ha molto da imparare.
He is still young and has a lot to learn.

565. Ignorante = Ignorant

Non perdiamo tempo ad ascoltare lo sbraitare di quei teppistelli ignoranti.
Let's not waste our time listening to rants from those ignorant thugs.

566. Impulsivo = Impulsive

Mio fratello è impulsivo, agisce sempre senza pensare.
My brother is impulsive, he always acts without thinking.

567. Insicuro = Insecure

Il suo atteggiamento insicuro era un segno di debolezza.
His insecure attitude was a sign of weakness.

568. Intelligente = Intelligent

Era un bambino intelligente.
He was an intelligent child.

569.   Introverso = Introverted

Mio figlio è piuttosto introverso; vorrei che fosse più socievole!
My son is quite introverted; I wish he could be more social!

570.   Laborioso = Laborious

È un compito molto laborioso.
It's a very laborious task.

571.   Leale = Loyal

È leale come un vero amico.
He's loyal like a true friend.

572.   Loquace = Talkative

L'insegnante separò l'alunno loquace dai suoi amici.
The teacher separated the talkative pupil from his friends.

573.   Lunatico = Moody

Dan poteva essere un po' lunatico; quindi era importante farlo
contento se si voleva qualcosa da lui.
Dan could be a bit moody, so it was important to keep him happy if
you wanted anything from him.

574.   Magro = Thin

Quel tipo magro laggiù continua a seguirmi.
That thin guy over there is still following me.

575.   Maldestro = Clumsy

Jake è proprio maldestro: va sempre a sbattere contro qualcosa e
qualsiasi cosa abbia in mano la fa cadere.
Jake is so clumsy: he's always running into something and dropping
whatever he brings in his hands.

576.   Maleducato = Rude

È stata una cosa maleducata da dire.
That was a rude thing to say.

577.   Malvagio = Wicked

Il bambino malvagio tormentava il gattino.
The wicked child tormented the kitten.

578.   Massiccio = Solid

Il tavolo della cucina è in legno massiccio.
The kitchen table is made of solid wood.

579.   Maturo = Mature

Era un ragazzo maturo nonostante avesse sedici anni.
He was a mature boy though he was sixteen.

580.   Mite = Even-tempered

Mio padre era un uomo calmo che non alzava mai la voce.
My father was an even-tempered man who never raised his voice.

581.   Modesto = Modest

Kate era molto modesta e non le piaceva ricevere attenzioni.
Kate was very modest, and she didn't like too much attention.

582.   Nervoso = Nervous

Sono sempre nervoso prima di un test.
I am always nervous before a test.

583.   Noioso = Boring

Voglio andarmene da questa lezione noiosa.
I want to leave this boring class.

584.   Obeso = Obese

Il suo fisico obeso gli rendeva ormai difficile anche camminare.
His obese physique made it difficult even to walk.

585.   Onesto = Honest

Una persona onesta non ha bisogno di ricordare cosa ha detto.
An honest person has no need to remember what he said.

586.   Ottuso = Dense

Odio avere a che fare con persone ottuse.
I hate dealing with dense people.

587.   Paziente = Patient

Per essere un buon pescatore bisogna essere pazienti.
To be a good angler you must be patient.

588.   Pazzo = Mad

Era pazzo e hanno dovuto mandarlo all'ospedale psichiatrico.
He was mad and they had to sent him to a psychiatric hospital.

589.   Pigro = Lazy

È intelligente, ma pigro.
He is smart, but lazy.

590.   Pratico = Practical

Belinda è una persona troppo pratica per buttare via la sua carriera a causa di un uomo.
Belinda is a too practical person to throw away a good career because of a man.

591. Prepotente = Bossy

Karen non gradiva i modi prepotenti di Lisa.
Karen didn't appreciate Lisa's bossy attitude.

592. Presuntuoso = Conceited

Owen è presuntuoso ed è difficile parlarci.
Owen is conceited and difficult to talk to.

593. Prudente = Cautious

Joe è un uomo d'affari prudente, non gli piace rischiare.
Joe is a cautious businessman, he doesn't like to take risks.

594. Responsabile = Responsible

Sì, Giovanni è una persona responsabile.
Yes, Giovanni is a responsible person.

595. Riflessivo = Reflective

Franco ha un carattere riflessivo.
Franco has a reflective character.

596. Riservato = Reserved

Lucia è sempre stata una ragazza molto riservata.
Lucia has always been a very reserved girl.

597. Rispettabile = Respectable

Roberto era un uomo onesto e rispettabile.
Roberto was an honest and respectable man.

598. Ristretto di vedute = Narrow-minded

Non sono così ristretto di vedute da imporre i miei gusti personali
agli altri.

I'm not so narrow-minded as to impose my personal taste on others.

599. Schizzinoso = Fussy

Paul era molto schizzinoso e tendeva a metterci molto a fare le cose.

Paul was very fussy and he tended not to get things done very quickly.

600. Sciocco = Silly

Il comico era conosciuto per il suo sciocco umorismo.
The comedian was known for his silly humour.

601. Serio = Serious

Non sto scherzando. Sono serio.
I'm not joking. I'm serious.

602. Sicuro = Sure

Non sono sicuro che sia una buona idea.
I'm not sure that it's a good idea.

603. Simpatico = Likable

Giulio è un ragazzo simpatico e amato da tutti.
Giulio is a likable guy and he's loved by everyone.

604. Sincero = Sincere

Quello non era di certo un sorriso sincero.
That definitely was not a sincere smile.

605. Snob = Snobbish

I vicini ci evitano perché sono snob.
The neighbours are avoiding us because they're snobbish.

606.   Socievole = Sociable

I nuovi vicini sembrano molto socievoli, non credi?
The new neighbours seem very sociable, don't you think?

607.   Stolto = Foolish

Ryan ha commesso uno stolto errore.
Ryan made a foolish mistake.

608.   Stupido = Dumb

Era troppo stupida per pensare ad un'alternativa.
She was too dumb to think of an alternative.

609.   Terribile = Terrible

È stata un'esperienza terribile.
It was a terrible experience.

610.   Testardo = Stubborn

Era testardo e rifiutava di ammettere che si sbagliava.
He was stubborn and refused to admit he was wrong.

611.   Timido = Shy

La ragazzina era così timida che si nascondeva quando qualcuno le parlava.
The girl was so shy that she hid when someone spoke to her.

612.   Tollerante = Tolerant

Finora sono stato tollerante.
So far, I've been tolerant.

613.   Vecchio = Old

Quel vecchio falegname dovrebbe andare in pensione.
That old carpenter should retire.

614. Vivace = Lively

È un bambino piuttosto vivace.
He is a rather lively child.

615. Veloce = Fast

Questa bici è davvero veloce.
This bike is really fast.

PIANETI, PAESI E CITTA' – PLANETS, COUNTRIES AND CITIES

PIANETI E SPAZIO – PLANETS AND SPACE

616. **Giove = Jupiter**

Giove è un pianeta del sistema solare.
Jupiter is a planet of the solar system.

617. **Sole = Sun**

Il sole splende su di noi.
The sun shines upon us.

618. **Luna = Moon**

La luna è un satellite della Terra.
The moon is a satellite of the Earth.

619. **Stella cadente = Shooting star**

Il dieci di agosto puoi vedere le stelle cadenti.
The tenth of august you can see shooting stars.

620. **Stelle = Stars**

Durante la notte sono visibili molte stelle.
During night many stars are visible.

621. **Piccolo Carro = Little Dipper**

Il piccolo carro è chiamato Orsa Minore.
The little dipper is called Ursa Minor.

622. **Grande Carro = Big Dipper**

Il grande carro è chiamato Orsa Maggiore.

The big dipper is called Ursa Major.

623.   Costellazione = Constellation

Ci sono molte costellazioni nello spazio.
There are many constellations in the space.

624.   Venere = Venus

Venere è il pianeta più caldo del sistema solare.
Venus is the hottest planet in the solar system.

625.   Saturno = Saturn

Saturno è più grande della Terra.
Saturn is bigger than the Earth.

626.   Spazio = Space

Nello spazio ci sono miliardi di pianeti
In the space there are billions of planets.

627.   Marte = Mars

L'uomo non è ancora stato su Marte.
Man hasn't been on Mars yet.

628.   Nettuno = Neptune

Nettuno è uno dei pianeti più piccoli.
Neptune is one of the smallest planets.

629.   Satellite = Satellite

La luna è l'unico satellite della terra.
The moon is the only satellite of the Earth.

630.   Terra = Earth

La terra è il nostro pianeta.
The Earth is our planet.

631.   Universo = Universe

L'universo è infinito.
The universe is infinite.

CONTINENTI – CONTINENTS

632.   Africa = Africa

L'Africa è un continente enorme.
Africa is a huge continent.

633.   Antartide = Antartica

L'Antartide è il continente più freddo.
Antartica is the coldest continent.

634.   Asia = Asia

L'Asia è un continente molto grande.
Asia is a very big continent.

635.   Australia = Australia

Feliks Zemdegs viene dall'Australia.
Feliks Zemdegs comes from Australia.

636.   Europa = Europe

L'Europa è uno dei 5 continenti.
Europe is one of the 5 continents.

637.   Oceania = Oceania

L'Oceania è il mio continente preferito.
Oceania is my favorite continent.

PAESI – COUNTRIES

638.   **America = America**

L'America è un paese fantastico.
America is a fantastic country.

639.   **Austria = Austria**

L'Austria confina con la Germania.
Austria is bordered by Germany.

640.   **Belgio = Belgium**

L'anno prossimo andrò in Belgio.
Next year I will go to Belgium.

641.   **Brasile = Brazil**

Marta andrà in Brasile la settimana prossima.
Marta is going to Brazil next week.

642.   **Canada = Canada**

Paolo è nato in Canada.
Paul was born in Canada.

643.   **Cina = China**

Romeo viene dalla Cina.
Romeo comes from China.

644.   **Croazia = Croatia**

La Croazia è un paese molto antico.
Croatia is a very ancient country.

645.   Danimarca = Denmark

Renato ha visitato la Danimarca.
Renato has visited Denmark.

646.   Egitto = Egypt

L'Egitto è un paese molto caldo.
Egypt is a very hot country.

647.   Francia = France

In Francia c'è la Tour Eiffel.
In France there is the Eiffel Tower.

648.   Germania = Germany

La Germania è una nazione fantastica.
Germany is a fantastic nation.

649.   Giappone = Japan

Il Giappone è vicino alla Cina.
Japan is close to China.

650.   Grecia = Greece

La Grecia ha appena attraversato una crisi.
Greece has just gone through a crisis.

651.   India = India

L'india è molto grande.
India is very big.

652.   Inghilterra = England

Vorrei fare un viaggio in Inghilterra.
I would like to travel to England.

653. Iran = Iran

Muhammad è nato in Iran.
Muhammad was born in Iran.

654. Israele = Israel

Faremo un viaggio in Israele.
We will travel to Israel.

655. Italia = Italy

Marta viene dall'Italia.
Marta comes from Italy

656. Libia = Lybia

In Libia c'è stata la guerra.
There was war in Libya.

657. Lussemburgo = Luxembourg

In Lussemburgo c'è l'euro.
In Luxembourg there is the euro.

658. Messico = Mexico

Il Messico confina con l'America.
Mexico is bordered by America.

659. Norvegia = Norway

In Norvegia fa molto freddo.
In Norway it is very cold.

660. Palestina = Palestine

Amjed è nato in Palestina.
Amjed was born in Palestine.

661.   **Portogallo = Portugal**

Il Portogallo confina con la Spagna.
Portugal is bordered by Spain.

662.   **Russia = Russia**

La Russia è un paese molto freddo.
Russia is a very cold country.

663.   **Slovenia = Slovenia**

Paolo è stato in Slovenia.
Paolo has been in Slovenia.

664.   **Spagna = Spain**

Pablo viene dalla Spagna.
Pablo comes from Spain.

665.   **Svezia = Sweden**

Tyrell Wellick viene dalla Svezia.
Tyrell Wellick comes from Sweden.

666.   **Svizzera = Switzerland**

La Svizzera è conosciuta per l'ottimo cioccolato.
Switzerland is known for its excellent chocolate.

667.   **Tunisia = Tunisia**

Amani è nata in Tunisia.
Amani was born in Tunisia.

668.   **Turchia = Turkey**

La Turchia è una nazione molto antica.
Turkey is a very ancient nation.

669.   **Ungheria = Hungary**

Paolo viene dall'Ungheria.
Paolo comes from Hungary.

670.   **Vaticano = Vatican**

Lo Stato del Vaticano è uno degli stati più piccoli.
The State of the Vatican is one of the smallest states.

671.   **Vietnam = Vietnam**

In Vietnam c'è stata una guerra.
In Vietnam there was a war.

672.   **Yemen = Yemen**

C'è molta povertà in Yemen.
There is a lot of poverty in Yemen.

PRINCIPALI CITTA' – MAIN CITIES

673.   **Firenze = Florence**

Firenze è una città fantastica.
Florence is a fantastic city.

674.   **Londra = London**

Martina è andata a Londra in vacanza.
Martina went to London on holiday.

675.   **Milano = Milan**

Milano è famosa per la settimana della moda.
Milan is famous for the fashion week.

676.　　Napoli = Naples

Ieri sono andato a Napoli.
Yesterday I went to Naples.

677.　　Roma = Rome

Roma è la capitale dell'Italia.
Rome is the capital of Italy.

COSA C'È NELLA CITTÀ? – WHAT IS THERE IN THE CITY?

ZONE PUBBLICHE DELLA CITTA' – PUBBLIC AREAS OF THE CITY

678.   Corso = Avenue

Corso Buenos Aires è pieno di negozi.
Buenos Aires Avenue is full of shops.

679.   Fermata dell'autobus = Bus stop

Ti aspetto alla fermata dell'autobus.
I'm waiting for you at the bus stop.

680.   Strisce pedonali = Pedestrian crossing

Devi fermarti alle strisce pedonali.
You must stop at the pedestrian crossing.

681.   Marciapiede = Sidewalk

Rimani sul marciapiede, è più sicuro.
Stay on the sidewalk, it's safer.

682.   Panchine = Bench

Sono in anticipo, mi siedo su una panchina ad aspettarti.
I'm early, I'll sit on a bench waiting for you.

683.   Parcheggio = Parking

Sto cercando un parcheggio.
I'm looking for a parking spot.

684.   Parcheggio auto = Car park

I parcheggi auto sono sempre meno.
Car parks are less and less.

685.   Parcheggio taxi = Taxi rank

Se vai al parcheggio taxi puoi trovare qualcuno.
If you go to the taxi rank you can find someone.

686.   Parco = Park

Il parco la notte chiude.
The park is closed at night.

687.   Periferie = Suburbs

Le periferie sono sovrappopolate.
The suburbs are overpopulated.

688.   Piazza = Square

Ci sono molti negozi nella piazza.
There are many shops in the square.

689.   Piazza centrale = Main square

Ci troviamo nella piazza centrale.
We are in the main square.

690.   Piscina pubblica = Public pool

Hanno aperto le piscine pubbliche.
They have opened public pools.

691.   Quartiere = Neighborhood

Viviamo in un quartiere molto tranquillo.
We live in a very quiet neighborhood.

692.   Quartiere popolare = Popular neighborhood

Mario vive in un quartiere popolare.
Mario lives in a popular neighborhood.

693.   Quartiere residenziale = Residential neighborhood

Si vive bene in questo quartiere residenziale.
You live well in this residential neighborhood.

694.   Ufficio polizia = Police office

Se hai necessità vai all'ufficio polizia.
If you need, go to the police office.

695.   Ufficio Postale = Post office

Ho bisogno di andare all'ufficio postale per spedire un pacco.
I need to go to the post office to send a package.

696.   Via = Street

Le vie delle città vecchie sono strette.
The streets of old cities are narrow.

697.   Stazione degli autobus = Bus station

La stazione degli autobus si trova a due chilometri.
The bus station is two kilometers away.

698.   Stazione dei pompieri = Fire station

La stazione dei pompieri è sempre operativa.
The fire station is always operational.

699.   Strada = Road

La strada è molto trafficata.
The road is very busy.

700. Sobborgo = Suburb

Ogni sobborgo ha i suoi problemi.
Every suburb has its problems.

701. Scuola = School

Le scuole chiudono a giugno.
Schools close in June.

702. Ospedale = Hospital

Dove è l'ospedale più vicino per favore?
Where is the nearest hospital, please?

703. Cimitero = Cemetery

Il cimitero ha un orario invernale e uno estivo.
The cemetery has a winter and a summer opening hour.

704. Chiesa = Church

La chiesa celebra la messa la domenica.
The church celebrates mass on Sunday.

705. Grattacieli = Skyscrapers

Il distretto finanziario è pieno di grattacieli.
Business district is full of skyscrapers.

706. Palazzo d'epoca = Period buildings

I palazzi d'epoca si trovano principalmente in centro.
The period buildings are mainly downtown.

707. Palazzo storico = Historic building

I palazzi storici del centro sono del XVIII secolo.
The historic buildings downtown are from the XVIII century.

708. Palazzo di uffici = Office building

Questo è un palazzo di uffici.
This is an office building.

709. Palazzo signorile = Mansion house

Mara vive in un palazzo signorile.
Mara lives in a mansion house.

710. Biblioteca = Library

La biblioteca organizza incontri interessanti dedicati all'arte.
The library organizes interesting meetings dedicated to art.

NEGOZI E ALTRO – SHOPS AND OTHER

711. Bar = Bar

Conosco un bar in centro.
I know a bar downtown.

712. Mercato = Market

Trovi spesso prezzi speciali al mercato.
You often find special prices at the market.

713. Borsa = Exchange

La Borsa sta aprendo le trattative.
The Exchange is opening negotiations.

714. Pompa di benzina = Petrol pump

La pompa di benzina è rotta.
The petrol pump is broken.

715.   Autolavaggio = Car wash

Oggi vado all'autolavaggio perché la mia macchina è veramente sporca.
Today I go to the car wash because my car is filthy.

716.   Caffè = Café

I caffè del centro sono molto eleganti.
The cafés downtown are very elegant.

717.   Caffetteria = Coffee bar

C'è una caffetteria che frequento sempre.
There's a coffee bar that I always go to.

718.   Centro commerciale = Shopping center

I centri commerciali stanno aprendo sempre più numerosi.
Shopping centers are opening more and more.

719.   Stazione di servizio = Service station

La stazione di servizio si trova a 50 km da qui.
The service station is located 50 km from here.

720.   Internet caffè = Internet cafè

Sto cercando un internet caffè.
I'm looking for an internet cafe.

721.   Farmacia = Pharmacy

La farmacia è sempre aperta.
The pharmacy is always open.

722.   Cinema = Cinema

Andiamo al cinema questa sera!

Let's go to the cinema this evening!

723.   Clinica psichiatrica = Psychiatric clinic

Dobbiamo portarlo nella clinica pischiatrica! Lì potranno aiutarlo.
We must take him to the psychiatric clinic! They can help him there.

724.   Pronto soccorso = Emergency room

Soffre molto, portiamolo al pronto soccorso.
He's suffering a lot, let's take him to the emergency room.

725.   Palestra = Gym

Troverai molte palestre in zona.
You will find many gyms in the area.

726.   Area giochi per bambini = Children's play area

Vicino casa abbiamo un'area giochi per bambini ben attrezzata.
Near the house we have a well-equipped children's play area.

727.   Banca = Bank

Le banche sono aperte la mattina.
Banks are open in the morning.

728.   Stadio = Stadium

Lo stadio ospiterà il concerto.
The stadium will host the concert.

729.   Supermercato = Supermarket

Vado al supermercato per comprare le uova.
I go to the supermarket to buy eggs.

730.   Teatro = Theater

Il teatro ha aperto la stagione delle rappresentazioni.
The theater has opened the season of performances.

LUOGHI DI INTERESSE IN ITALIA –
PLACES OF INTEREST IN ITALY

731. Arco di Costantino, Roma = Arch of Constantine, Rome

L'Arco di Costantino ha una lunga storia alle spalle.
The Arch of Constantine has a long history behind it.

732.   Canal Grande, Venezia = Grand Canal, Venice

Non sono mai stato al Canal Grande, in molti me ne hanno parlato bene.
I have never been to the Grand Canal, many have spoken me well about it.

733.   Colosseo, Roma = Coliseum, Rome

Il Colosseo è uno dei monumenti più importanti d'Italia.
The Colosseum is one of the most important monuments in Italy.

734.   Duomo di Milano = Milan Cathedral

A maggio ho fatto una gita con la scuola al Duomo di Milano.
In May I took a trip with the school to the Milan Cathedral.

735.   Fontana di Trevi, Roma = Trevi Fountain, Rome

Sono rimasto impressionato dalla bellezza della Fontana di Trevi.
I was impressed by the beauty of the Trevi Fountain.

736.   Fori Imperiali, Roma = Imperial Forums, Rome

Quest'estate farò un viaggio a Roma e visiterò i Fori Imperiali.
This summer I will make a trip to Rome and I will visit the Imperial Forums.

737.   Galleria degli Uffizi, Firenze = Uffizi Gallery, Florence

Sono stato a Firenze, ma non ho trovato il tempo di visitare la Galleria degli Uffizi.
I was in Florence, but I didn't find the time to visit the Uffizi Gallery.

738.   Palazzo Pitti, Firenze = Palazzo Pitti, Florence

Palazzo Pitti è stata la residenza del Gran Ducato di Toscana.
Palazzo Pitti was the residence of the Grand Duchy of Tuscany.

739.   Pantheon, Roma = Pantheon, Rome

Il Phanteon di Roma è molto antico.
The Pantheon of Rome is very old.

740.   Piazza San Marco, Venezia = Piazza San Marco   , Venice

Ho visto alcune foto di piazza San Marco; è bellissima.
I saw some photos of Piazza San Marco; it's gorgeous.

741.   Scavi di Pompei = Pompeii excavations

Partirei domani per ammirare gli Scavi di Pompei.
I would leave tomorrow to admire the Pompeii excavations.

742.   Teatro San Carlo, Napoli = San Carlo theater, Naples

Tutti i miei amici mi hanno consigliato di visitare il teatro San Carlo.
All my friends have advised me to visit the San Carlo theater.

743. Torre di Pisa = Tower of Pisa

Marco è stato una settimana in vacanza e ha visitato la Torre di Pisa.
Marco has been a week on holiday and he visited the Tower of Pisa.

NATURA – NATURE

PAESAGGI – LANDSCAPES

744.   Campagna = Countryside

La campagna è un luogo rilassante dove trascorrere delle giornate in tranquillità.
The countryside is a relaxing place where spending days in relax.

745.   Collina = Hill

La collina regala un paesaggio mosso, ricco di verde.
The hill gives a rough landscape, rich of green.

746.   Fiume = River

Vado a fare un bagno nel fiume.
I'm going to take a bath in the river.

747.   Lago = Lake

Il lago ha un paesaggio variabile in estate e in inverno.
The lake has a variable landscape on summer and on winter.

748.   Mare = Seaside

Il mare è una delle mete preferite degli italiani per le loro vacanze estive.
The seaside is one of the favorite destinations of Italians for their summer holidays.

749.   Montagna = Mountain

D'estate amiamo andare in montagna.
On summer we love going to the mountains.

750.   Pianura = Lowland

In pianura ci sono molte città.
On the lowland there are many cities.

751.   Sentiero = Path

Per arrivare alla baita dobbiamo seguire un sentiero.
To get to the hut we must follow a path.

752.   Stagno = Pond

Lo stagno è torbido: deve essere pulito.
The pond is muddy: it needs to be cleaned.

753.   Palude = Swamp

Ci sono molte zanzare nella palude.
There are many mosquitos in the swamp.

754.   Valle = Valley

È freddo nella valle.
It's cold in the valley.

755.   Paesaggio = Landscape

Fai una foto a questo paesaggio.
Take a photo of this landscape.

756.   Cascata = Waterfall

Le cascate del Niagara sono meravigliose.
The Niagara waterfall are wonderful.

EVENTI ATMOSFERICI E TEMPERATURA – ATMOSPHERIC EVENTS AND TEMPERATURE

757. Brezza = Breeze

C'è una piacevole brezza marina stamani.
There is a pleasant sea breeze this morning.

758. Temperatura = Temperature

La temperatura si sta alzando.
The temperature is rising.

759. Caldo = Hot

Oggi fa caldo.
Today it's hot.

760. Clima = Climate

È un clima mite.
It's a mild climate.

761. Freddo = Cold

Ha fatto molto freddo stanotte.
It was very cold tonight.

762. Fiocco Di Neve = Snowflake

Ho visto cadere un fiocco di neve.
I saw a snowflake falling.

763. Foschia = Mist

Ieri la foschia è durata solo qualche ora.
Yesterday the mist lasted only a few hours.

764.   Coperto = Overcast

Il cielo è coperto.
The sky is overcast.

765.   Fulmine = Lightning

Un fulmine è caduto nel cortile.
A lightning fell in the courtyard.

766.   Ondata di caldo = Heat wave

Sta arrivando un'ondata di caldo.
A heat wave is coming.

767.   Pioggia = Rain

La pioggia ha allagato la cantina.
The rain has flooded the cellar.

768.   Piovigginare = To drizzle

Adesso non piove, ma pioviggina.
Now it's not raining, but it is drizzling.

769.   Previsioni meteo = Weather forecast

Le previsioni meteo per domani non sono così brutte.
Tomorrow's weather forecast isn't that bad.

770.   Temporale = Thundestorm

Il temporale arrivò all'improvviso.
The thunderstorm arrived suddenly.

771.   Grandine = Hail

La grandine ha causato danni all'agricoltura.
The hail caused damage to agriculture.

772.   Nebbia = Fog

La nebbia è arrivata in mattinata.
The fog arrived in the morning.

773.   Neve = Snow

La neve è caduta tutta la notte.
Snow has fallen all night long.

774.   Nevischio = Sleet

C'è del nevischio stamattina.
There is sleet this morning.

775.   Nuvola = Cloud

C'è solo una nuvola nel cielo.
There is only one cloud in the sky.

776.   Nuvoloso = Cloudy

Oggi è nuvoloso.
Today it's cloudy.

777.   Soleggiato = Sunny

Philadelphia è sempre soleggiata.
Philadelphia is always sunny.

778.   Rugiada = Dew

Stamattina nella campagna c'è la rugiada.
This morning there is dew in the countryside.

FENOMENI NATURALI – NATURAL PHENOMENA

779. Arcobaleno = Rainbow

Ha smesso di piovere ed è uscito l'arcobaleno.
It stopped raining and the rainbow has come out.

780. Alluvione = Flood

Ci sono sempre alluvioni durante l'estate.
There are always floods during summer.

781. Alta Pressione = High pressure

Oggi è attesa l'alta pressione.
Today high pressure is expected.

782. Bassa Pressione = Low pressure

Oggi è attesa la bassa pressione.
Today low pressure is expected.

783. Cambiamento climatico = Climate change

Alle persone non importa del cambiamento climatico.
People don't care about climate change.

784. Ciclone = Cyclone

Un violento ciclone si è abbattuto sulla costa provocando grossi danni.
A violent cyclone hit the coast causing extensive damages.

785. Diluvio = Flood

Il diluvio ha distrutto una casa.
The flood destroyed a house.

786. **Gelo = Frost**

Oggi c'è un gelo molto intenso.
Today there's a deep frost.

787. **Tempesta = Storm**

Sta arrivando una tempesta.
A storm is coming.

788. **Riscaldamento globale = Global warming**

Il riscaldamento globale preoccupa gli scienziati.
Global warming frightens scientists.

789. **Siccità = Drought**

La siccità è un gran problema.
Drought is a big deal.

ELEMENTI DELLA VEGETAZIONE – ELEMENTS OF THE VEGETATION

790. **Alberi = Trees**

In questa foresta ci sono tanti alberi diversi.
In this forest there are so many different trees.

791. **Erba = Grass**

L'erba è piena di rugiada.
The grass is full of dew.

792. **Fiori = Flowers**

I fiori sono molto belli.
The flowers are very beautiful.

793.   Giglio = Lily

Il giglio è simbolo di purezza.
The lily is symbol of purity.

794.   Girasole = Sunflower

Il girasole è un fiore che segue la luce del sole.
The sunflower is a flower that follows the sunlight.

795.   Margherita = Daisy

Le margherite bianche sono le più conosciute.
The white daisies are the most popular.

796.   Ninfea d'acqua = Waterlily

Ho una fontana piena di ninfee d'acqua.
I have a fountain full of waterlilies.

797.   Orchidea = Orchid

L'orchidea è particolarmente complessa da coltivare.
The orchid is particularly complex to cultivate.

798.   Papavero = Poppy

Quanti papaveri in quel prato!
How many poppies in that lawn!

799.   Petalo = Petal

L'ape si posa sul petalo.
The bee is landing on the petal.

800.   Stelo = Stem

Lo stelo è una parte molto delicata del fiore.
The stem is a very delicate part of the flower.

801. Tulipano = Tulip

Il tulipano è prevalentemente coltivato in Olanda e può essere di vari colori.
The tulip is mainly cultivated in the Netherlands and can be of different colours.

802. Rosa = Rose

Le rose sono dei fiori delicati.
Roses are delicate flowers.

803. Abete = Fir

L'abete è usato per gli alberi di Natale.
The fir is used for Christmas trees.

804. Acero = Maple

L'acero in autunno si colora di mille sfumature.
In Autumn the maple is colored by thousand of shades.

805. Agrifoglio = Holly

L'agrifoglio è il simbolo del Natale.
Holly is the Christmas symbol.

806. Albero da frutta = Fruit tree

Quanti alberi da frutta ci sono nel giardino di Mario!
How many fruit trees are there in Mario's garden!

807. Bacca = Berry

La bacca rossa è velenosa.
The red berry is poisonous.

808.   Castagno = Chestnut tree

I castagni perdono i loro frutti in autunno.
Chestnut trees lose their fruits in Autumn.

809.   Cedro = Cedar

Il cedro ha dei frutti ricchi.
The cedar has rich fruits.

810.   Ciliegio = Cherry tree

Luisa ha piantato quindici ciliegi.
Luisa planted fifteen cherry trees.

811.   Corteccia = Bark

Questa corteccia si sta staccando.
This bark is coming off.

812.   Faggio = Beech

Il faggio è un albero conosciuto.
The beech is a popular tree.

813.   Fico = Fig tree

Il fico cresce con facilità nel sud Italia.
The fig tree grows easily in the south of Italy.

814.   Frutteto = Orchard

Mario ha un frutteto molto bello.
Mario has a very beautiful orchard.

815.   Linfa = Lymph

La linfa è vitale per le piante.
The lymph is vital for plants.

816.   Melo = Apple tree

Voglio piantare un melo.
I want to plant an apple tree.

817.   Nocciolo = Hazel

Il nocciolo è coltivato in Piemonte.
The hazel is cultivated in Piedmont.

818.   Olivo = Olive tree

La Puglia è ricca di olivi e produce molto olio.
Apulia is rich of olive trees and produces much oil.

819.   Olmo = Elm

La foglia dell'olmo è facilmente riconoscibile.
The elm's leaf is easily recognizable.

820.   Palma = Palm tree

La palma cresce in ambienti particolarmente caldi.
The palm tree grows in particularly hot environments.

821.   Pigna = Pine cone

Cadono pigne: fai attenzione.
Pine cones are falling: pay attention.

822.   Pino = Pine

Sulla montagna ci sono mille pini.
On the mountain there are thousand pines.

823.   Prugno = Plum tree

Un prugno è la soluzione che cercavo.
A plum tree is the solution that I've been looking for.

824.   Quercia = Oak

Questa è una quercia: non c'è dubbio.
This is an oak: there's no doubt.

825.   Radice = Root

La radice sta uscendo dal vaso: è ora di cambiarlo.
The root is coming out of the pot: it's time to change it.

826.   Ramo = Branch

La pioggia ha spezzato molti rami.
The rain has broken so many branches.

827.   Ramoscello = Twig

Il ramoscello di olivo è un simbolo di pace.
The olive twig is a symbol of peace.

828.   Salice = Willow

Il salice è una pianta usata per fare medicinali.
The willow is a plant used to make medicines.

829.   Salice piangente = Weeping willow

Il salice piangente sembra così romantico e malinconico.
The weeping willow seems so romantic and melancholic.

830.   Sempreverde = Evergreen

Se vuoi un sempreverde, questa pianta fa per te.
If you want an evergreen, this plant is the one for you.

831.   Tronchi = Trees trunks

I tronchi di questi alberi sono massicci.
These trees trunks are massive.

832.   **Erbacce = Weeds**

Mario rimuove le erbacce che assorbono l'acqua delle altre piante.
Mario removes weeds that absorb the water of other plants.

PERSONE – PEOPLE

833.   **Contadino = Farmer**

Il contadino è una professione che sta tornando in voga.
The farmer is a profession that is coming back in vogue.

834.   **Metereologo = Meteorologist**

Sentiamo cosa dice il meteorologo.
Let's hear what the meteorologist says.

835.   **Giardiniere = Gardener**

Mario ha assunto un giardiniere.
Mario has hired a gardener.

VERBI USATI NEL METEO E NELLA NATURA – VERBS USED IN WEATHER AND NATURE

836.   **Piovere = To rain**

Se domani piove resterò a casa.
If it rains tomorrow, I'll stay at home.

837.   **Nevicare = To snow**

Ha iniziato a nevicare.
It started snowing.

838.   Esplorare = To explore

Mara ama esplorare la natura.
Mara loves exploring nature.

839.   Diluviare = To pour

Sta diluviando da tutto il giorno.
It has been pouring all day.

GUIDARE – DRIVING

MEZZI DI TRASPORTO IN CITTA' – MEANS OF TRANSPORT IN THE CITY

840.   Autobus = Bus

Gli autobus sono frequenti nelle ore di punta.
Buses are frequent during peak hours.

841.   Metropolitana = Subway

La metropolitana chiude alla 1 di notte.
The subway closes at 1 a.m.

842.   Tram = Tram

Sono molto tipici i tram.
Trams are very typical.

843.   Taxi = Taxi

Sto cercando un taxi, ma non ne trovo.
I'm looking for a taxi, but I can't find any.

844.   Trasporto pubblico = Public transport

Il trasporto pubblico è ben organizzato.
Public transport is well organized.

845.   Macchina = Car

Mi sono appena comprato una macchina nuova.
I've just bought a new car.

846.   Bicicletta = Bike

Vado al parco con la bicicletta.
I go to the park with the bike.

847.   Camion = Truck

Se vuoi guidare un camion devi avere una patente speciale.
If you want to drive a truck, you must have a special license.

848.   Camper = Camper

Un camper è comodo per le vacanze.
A camper is comfortable for the holidays.

849.   Furgoncino = Van

Ci serve un furgoncino per fare il trasloco.
We need a van to make the move.

850.   Monopattino = Scooter

A Vienna ci sono molti monopattini.
In Vienna there are many scooters.

851.   Pattini a rotelle = Roller skate

Non ho mai avuto pattini a rotelle.
I've never had roller skate.

852.   Motorino = Moped

Il motorino è molto utile in città.
The moped is very useful in the city.

853.   Moto = Motorcycle

La moto è più pericolosa della macchina.
The motorcycle is more dangerous than the car.

PARTI DELL'AUTO – PARTS OF THE CAR

854.   **Bagagliaio = Trunk**

Il bagagliaio è molto capiente.
The trunk is very large.

855.   **Ammortizzatori = Shock absorbers**

Si sono rotti gli ammortizzatori.
The shock absorbers have broken.

856.   **Cofano = Hood**

Metti nel cofano la tua valigia.
Put your suitcase in the hood.

857.   **Frecce = Turn signals**

Devi usare le frecce se vuoi svoltare.
You must use the turn signals if you want to turn.

858.   **Freno = Brake**

Usa il freno più spesso.
Use the brake more often.

859.   **Gomma a terra = Flat tire**

Ho una gomma a terra. Mi puoi dare una mano?
I have a flat tire. Can you help me?

860.   **Luci = Lights**

Le luci anteriori non funzionano.
The front lights don't work.

861.   Pastiglie dei freni = Brake pads

Quanto ti è costato cambiare le pastiglie dei freni?
How much did it cost you to change the brake pads?

862.   Pressione delle gomme = Tyres pressure

Hai verificato la pressione delle gomme prima di partire?
Have you checked the tire pressure before leaving?

863.   Retromarcia = Reverse gear

La retromarcia è stata inserita.
The reverse gear has been inserted.

864.   Ruota di scorta = Spare wheel

La ruota di scorta è importante perché se hai una gomma a terra ti
può servire.
The spare wheel is important because if you have a flat tire, it can be
useful.

865.   Sedile-auto per bambini = Car seat for children

Serve il sedile auto per i bambini.
Car seat for children is needed.

866.   Serbatoio = Tank

Dobbiamo fermarci e fare rifornimento perché il serbatoio è vuoto.
We need to stop and refill because the tank is empty.

867.   Sterzo = Steering wheel

Lo sterzo è una parte fondamentale dell'auto.
The steering wheel is a key part of the car.

868.   Tergicristalli = Windscreen wipers

I tergicristalli si sono rotti.
The windshield wipers have broken.

869. Luce di retromarcia = Reversing light

Non dimenticare di accendere la luce di retromarcia.
Don't forget to turn on the reversing light.

870. Sedile = Seat

Questo sedile è scomodo.
This seat is uncomfortable.

871. Portiera = Door

Chiudi la portiera.
Close the door.

872. Parafango = Mudflap

Il parafango è sporco.
The mudflap is dirty.

873. Motore = Engine

Questo è un motore a benzina.
This is a petrol engine.

874. Clacson = Horn

Non suonare il clacson.
Don't blow the horn.

875. Portabagagli = Hatchback

Mettilo nel portabagagli.
Put it in the hactchback.

876. Pneumatico = Tyre

Controlla lo stato degli pneumatici.
Check the tires condition.

877. Lunotto = Back window

Non coprire il lunotto.
Don't cover the back window.

878. Indicatore di carburante = Fuel indicator

Il livello dell'indicatore di carburante è basso.
The level of fuel indicator is low.

879. Luci abbaglianti = Main beam

Al tramonto devi accendere gli abbaglianti.
At the sunset you must turn on main beams.

880. Paraurti = Bumper

Il paraurti è da cambiare.
You must change the bumper.

881. Coppa dell'olio = Sump

Controlla la coppa dell'olio.
Check the sump.

882. Cintura = Seat belt

Mettete le cinture, per favore.
Fasten your seat belts, please.

883. Vano portaoggetti = Glove compartment

Dovrebbe essere nel vano portaoggetti.
It should be in the glove compartment.

884. Specchietto retrovisore = Rearview mirror

Non coprite lo specchietto retrovisore.
Don't cover the rearview mirror.

885.   Spia della batteria = Battery warning light

La spia della batteria è rossa.
Battery warning light is red.

886.   Contagiri = Tachometer

Il contagiri indica il numero di giri del motore per minuto.
The tachometer indicates the number of engine revolutions per minute.

887.   Airbag = Airbag

Controlla gli airbag.
Check the airbags.

888.   Autoradio = Audio system

Spegni l'autoradio.
Turn off the audio system.

889.   Freno a mano = Handbrake

Il freno a mano non funziona.
The handbrake doesn't work.

890.   Pedale della frizione = Clutch pedal

Il pedale della frizione è quello a sinistra.
Clutch pedal is the left one.

891.   Fendinebbia = Fog light

Questa macchina ha i fendinebbia.
This car has got fog lights.

ALTRI TERMINI STRADALI – OTHER ROAD TERMS

892.   Circonvallazione = Ring road

Se vuoi fare velocemente per arrivare a destinazione, prendiamo la circonvallazione che è diretta.
If you want to do quickly to reach the destination, let's take the ring road which is direct.

893.   Destra = Right

Mantieni la destra.
Keep right.

894.   Sinistra = Left

Gira a sinistra.
Turn left.

895.   Doppia carreggiata = Dual carriageway

Questa strada ha una doppia carreggiata.
This road has a dual carriageway.

896.   Dritto = Straight

Se vai sempre dritto arrivi in cinque minuti.
If you always go straight on, you will arrive in five minutes.

897.   Incidente = Accident

Ha avuto un brutto incidente d'auto qualche anno fa.
She had a bad car accident some years ago.

898.   Incrocio a T = T-crossing

Questo è un incrocio a T.
This is a T-crossing.

899.   **Ingorgo stradale = Traffic jam**

C'è un ingorgo stradale per cui farò tardi.
There's a traffic jam so I will be late.

900.   **Inversione a U = U–turn**

Puoi fare una inversione a U, per favore?
Can you do a U-turn, please?

901.   **Lavori stradali = Roadworks**

I lavori stradali si stanno prolungando più del dovuto.
Roadworks are lasting longer than they should.

902.   **Limite di velocità = Speed limit**

Rispetta il limite di velocità.
Respect the speed limit.

903.   **Patente di guida = Driving licence**

Ma chi ti ha dato la patente di guida? Non sai guidare minimamente!
Who gave you the driving license? You can't drive at all!

904.   **Pedone = Pedestrian**

Oggi è pieno di pedoni distratti.
Nowadays there are many distracted pedestrians.

905.   **Raccordo = Connection**

Ecco il raccordo, siamo quasi arrivati.
Here's the connection, we're almost arrived.

906.   **Rotatoria = Roundabout**

Ci sono parecchie rotatorie in questa città.
There are several roundabouts in this city.

907.   Svolta = Turn

Dopo il semaforo, c'è una svolta a destra.
After the traffic light, there is a right turn.

908.   Angolo = Corner

Se giri l'angolo trovi il parcheggio. Io l'ho scoperto ieri.
If you turn the corner you will find the parking lot. I discovered it yesterday.

909.   Cartello stradale = Road sign

Fai attenzione ai cartelli stradali.
Pay attention to road signs.

910.   Benzina = Gasoline

Il prezzo della benzina è aumentato notevolmente.
The gasoline price has increased considerably.

VERBI USATI SULLA STRADA – VERBS USED ON THE ROAD

911.   Fare retromarcia = To turn around

Sto facendo retromarcia e arrivo.
I'm turning around and coming back.

912.   Parcheggiare = To park

Mi devo fermare e parcheggiare.
I must stop and park.

913.   Rallenatare = To slow down

Se non sei sicuro, rallenta.
If you're not sure, slow down.

914.   Sbandare = To skid

Ha sbandato a causa del ghiaccio sulla strada.
He skidded due to the ice on the road.

915.   Attraversare = To cross

Attraversano sempre la strada.
They always cross the road.

916.   Girare = To turn

Gira a destra.
Turn right.

917.   Guidare = To drive

Guida con prudenza.
Drive safely.

918.   Pedalare = To pedal

Non posso più pedalare, sono troppo stanco.
I can't pedal any more, I'm too tired.

919.   Sgommare = To speed off

Sgommare in strada è pericoloso.
Speeding off in the street is dangerous.

920.   Camminare = To walk

Mi piace camminare.
I like walking.

SOLDI – MONEY

TERMINI UTILIZZATI COMUNEMENTE – COMMONLY USED TERMS

921.   Moneta = Money

La moneta è sempre importante.
Money is always important.

922.   Soldi = Money

I soldi mancano sempre quando se ne ha bisogno.
Money is always missing when you need it.

923.   Assegno = Check

L'assegno è un metodo di pagamento.
The check is a payment method.

924.   Banconote = Banknotes

Le banconote che mi hai dato sono false.
The banknotes you gave me are fake.

925.   Cambio = Exchange rate

A quanto è oggi il cambio?
What is the exchange rate today?

926.   Carta di credito = Credit card

Posso usare la mia carta di credito?
Can I use my credit card?

927.   Cassetta di sicurezza = Safe deposit box

Ho necessità di avere una cassetta di sicurezza.
I need to have a safe deposit box.

928.   Contanti = Cash

Ho solo contanti con me.
I only have cash with me.

929.   Conto in rosso = Account in red

Fai attenzione perché hai il conto in rosso.
Be careful because you have the account in red.

930.   Dollari = Dollars

Mi è costato 15 dollari.
It costed me 15 dollars.

931.   Estratto conto = Bank statement

Il mio estratto conto è online.
My bank statement is online.

932.   Euro = Euro

Il valore dell'euro oggi è aumentato.
The value of the euro has increased today.

933.   Prezzo = Price

Il prezzo varia in base alla domanda.
Price varies according to demand.

934.   Resto = Rest

Ecco a lei il resto.
Here you are the rest.

935.   Saldo = Balance

Sto controllando il mio saldo.
I'm checking my balance.

936.   Sterlina = Pound

La sterlina è una moneta forte.
The pound is a strong currency.

937.   Tasso di cambio = Exchange rate

Conosci il tasso di cambio?
Do you know the exchange rate?

938.   Valuta = Currency

La valuta è quella del 31 luglio.
The currency is that of July 31st.

939.   Bonifico = Transfer

Inviami un bonifico a questo IBAN.
Send me a transfer to this IBAN.

940.   Portafoglio = Wallet

Marta ha perso il portafoglio.
Marta has lost her wallet.

VERBI USATI CON IL DENARO – VERBS USED WITH MONEY

941.   Ritirare la carta = To pick up the card

Puoi ritirare la carta. L'operazione è terminata.
You can pick up the card. The operation is over.

942.   Depositare = To deposit

Vorrei depositare degli oggetti nella mia cassetta di sicurezza.
I would like to deposit objects in my safe deposit box.

943. **Fare un assegno = To give a check**

Non ho contanti; ti posso fare un assegno?
I don't have any cash; can I give you a check?

944. **Inserire il PIN = To enter the PIN**

La prego d'inserire il suo PIN.
Please enter your PIN.

945. **Prelevare = To withdraw**

Devo prelevare subito.
I must withdraw right now.

COLORI – COLOURS

946. Bianco = White

Il latte è bianco.
Milk is white.

947. Nero = Black

Il mio cane è nero.
My dog is black.

948. Giallo = Yellow

Il sole è giallo per i bambini.
The sun is yellow for children.

949. Blu = Blue

Il mare è blu.
The sea is blue.

950. Verde = Green

L'erba è verde.
The grass is green.

951. Viola = Purple

Al tramonto, il cielo diventa viola.
At sunset, the sky becomes purple.

952. Arancione = Orange

La carota è arancione.
The carrot is orange.

953.   Azzurro = Light blue

Il cielo oggi è azzurro.
The sky is light blue today.

954.   Rosa = Pink

La coperta di mia figlia è rosa.
My daughter's blanket is pink.

955.   Grigio = Grey

Il fumo è grigio.
Smoke is grey.

956.   Rosso = Red

Mi piace il vino rosso.
I like red wine.

957.   Bordeaux = Dark red

Il velluto era bordeaux.
The velvet was dark red.

958.   Argento = Silver

Le signore anziane hanno i capelli color argento.
Old ladies have silver hair.

959.   Avorio = Ivory

L'avorio è una sfumatura di bianco.
Ivory is a white shade.

960.   Oro = Gold

L'oro è un colore che rappresenta ricchezza.
Gold is a colour that represents wealth.

961.   Beige = Beige

Voglio un divano color beige.
I want a beige-colored sofa.

962.   Fucsia = Fuchsia

Se vuoi osare, scegli il fucsia.
If you want to dare, choose fuchsia.

963.   Kaki = Khaki

Quest'anno va molto di moda il color kaki.
This year the khaki color is very fashionable.

964.   Lilla = Lilac

Puoi dipingere questa parete di lilla.
You can paint this wall in a lilac color.

965.   Marrone = Brown

Le castagne sono marroni.
Chestnuts are brown.

SCUOLA E EDUCAZIONE – SCHOOL AND EDUCATION

MATERIE SCOLASTICHE – SCHOOL SUBJECTS

966.   **Educazione fisica = PE, Physical Education**

Oggi non faremo educazione fisica.
Today we won't do PE.

967.   **Storia = History**

Pablo odia moltissimo studiare la storia.
Pablo hates studying history very much.

968.   **Matematica = Mathemathics, Maths**

A Marta affascina la matematica.
Marta is fascinated by mathematics.

969.   **Grammatica = Grammar**

Paolo è il nuovo professore di grammatica.
Paolo is the new grammar teacher.

970.   **Macroeconomia = Macroeconomics**

Paola sta studiando macroeconomia.
Paola is studying macroeconomics.

971.   **Microeconomia = Microeconomics**

Marta sta studiando microeconomia.
Marta is studying microeconomics.

972.   Informatica = Computer science

L'informatica è la mia materia preferita.
Computer science is my favorite subject.

973.   Letteratura = Literature

Letteratura è molto interessante.
Literature is very interesting.

974.   Geometria = Geometry

Geometria è una materia molto impegnativa.
Geometry is a very demanding subject.

975.   Arte = Art

Arte è una materia molto creativa.
Art is a very creative subject.

976.   Disegno tecnico = Technical drawing

Disegno tecnico richiede molta precisione.
Technical drawing requires a lot of precision.

977.   Educazione civica = Civics

Penso che a scuola si dovrebbe studiare educazione civica.
I think we should be studying civics at school.

978.   Diritto = Constitutional law

Studio diritto costituzionale da due anni.
I've studied constitutional law for two years.

979.   Economia = Economics

Marta studia economia.
Marta is studying economics.

980.   Scienze = Science

Amo studiare scienze.
I love studying science.

981.   Biologia = Biology

Biologia è la materia preferita di Michele.
Biology is Michele's favorite subject.

982.   Fisica = Physics

Fisica è molto impegnativa.
Physics is very demanding.

983.   Algebra = Algebra

Algebra è una branca della matematica.
Algebra is a branch of mathematics.

984.   Chimica = Chemistry

La chimica può essere molto divertente.
Chemistry can be very funny.

PERSONE – PEOPLE

985.   Preside = School principal

Il nuovo preside si chiama Fabio.
The new school principal's name is Fabio.

986.   Insegnante = Teacher

Ho una brava insegnante.
I have a good teacher.

987.   Vicepreside = Vice-principal

La vicepreside è molto severa.
The vice-principal is very harsh.

988.   Bidello = Janitor

Il bidello Francesco è molto simpatico e divertente.
The janitor Francesco is very nice and funny.

989.   Supplente = Substitute

Oggi ci sarà il supplente a scuola.
Today there will be the substitute at school.

990.   Professore = Professor

Il professore di matematica e Marta hanno avuto un diverbio ieri.
The math professor and Martha had a discussion yesterday.

991.   Compagni = Classmates

Molti compagni di scuola saranno amici per tutta la vita.
Many classmates will be friends for life.

992.   Insegnante di sostegno = Support teacher

Mario ha bisogno di una insegnante di sostegno.
Mario needs a support teacher.

LIVELLI E TIPOLOGIE DI ISTRUZIONE – LEVELS AND TYPES OF EDUCATION

993.   Asilo Nido = Nursery

Stamattina ho portato mia figlia all'asilo nido.
This morning I took my daughter to the nursery.

994.   Asilo = Kindergarten

Puoi andare a prendere Martina alla scuola materna al posto mio?
Can you go and pick up Martina from kindergarten for me?

995.   Scuola elementare = Elementary school

Oggi Marco ha finito la scuola elementare.
Today Marco has finished elementary school.

996.   Scuola media = Secondary school

Finita la scuola media, cosa vorrai fare?
After secondary school, what will you do?

997.   Scuola superiore = High school

Non mi piacevano le superiori perché mi prendevano in giro.
I didn't like high school because they made fun of me.

998.   Liceo = Lyceum

Marta fa il liceo linguistico.
Marta is in a linguistic lyceum.

999.   Università = University

Che facoltà di università hai intenzione di fare?
What university faculty are you going to attend?

1000.   Laurea = Graduation

Matteo ha organizzato una grande festa per la sua laurea.
Matteo has organized a big party for his graduation.

1001.   Diploma = Diploma

Che diploma ti da quella scuola?
What diploma does that school give you?

1002. Istituto professionale = Professional institute

Marco frequenta un istituto professionale.
Marco attends a professional institute.

1003. Istituto tecnico = Technical institute

Mario frequenta un istituto tecnico.
Mario attends a technical institute.

1004. Scuola serale = Night school

Marta si è ritirata, ora frequenta la scuola serale.
Marta has dropped out of school, now she attends night school.

1005. Biennio = Two-year period

Marta ha frequentato il biennio con successo.
Marta has successfully attended the two-year period.

1006. Specializzazione = Specialization

Sto facendo un corso di specializzazione.
I'm attending a specialization course.

1007. Master = Master's degree

Giorgio ha un master in medicina.
Giorgio has a master's degree in medicine.

1008. Triennio = Three-year period

Resterò in carica per il triennio 2015-2017.
I will remain in office for the three-year period 2015-2017.

OGGETTI USATI DAGLI STUDENTI - OBJECTS USED BY STUDENTS

1009.　　Dizionario = Dictionary

Marta, mi passi il dizionario per favore?
Marta, could you pass me the dictionary please?

1010.　　Zaino = Backpack

Il nuovo zaino di Luca è molto bello.
Luca's new backpack is very nice.

1011.　　Astuccio = Pencil case

Cosa sta nascondendo Pedro nell'astuccio?
What is Pedro hiding in the pencil case?

1012.　　Matita = Pencil

Martina impugna la matita con la mano sinistra.
Martina holds the pencil with her left hand.

1013.　　Penna = Pen

La penna è sul tavolo.
The pen is on the table.

1014.　　Evidenziatore = Highlighter

Lucia usa sempre evidenziatori gialli.
Lucia always uses yellow highlighters.

1015.　　Quaderno di matematica = Mathematics notebook

Questo è il quaderno di matematica.
This is the mathematics notebook.

1016.   Libro = Book

Il nuovo libro che sto leggendo è meglio del precedente.
The new book I am reading is better than the previous one.

1017.   Appunti = Notes

Paolo prende appunti su quel quaderno da mesi.
Paolo has been taking notes in that notebook for months.

1018.   Fermacarte = Paperweight

Passami il fermacarte che è sulla scrivania.
Pass me the paperweight that is on the desk.

1019.   Bianchetto = Wite-out

Questo bianchetto è finito.
This wite-out is finished.

1020.   Graffetta = Paper clip

Ho bisogno di una graffetta.
I need a paper clip.

1021.   Taccuino = Notebook

Il tuo taccuino è pieno di appunti.
Your notebook is full of notes.

1022.   Temperamatite = Pencil sharpner

Mi puoi dare il temperamatite?
Can you give me the pencil sharpner?

1023.   Gomma per cancellare = Rubber

Ho perso la mia gomma per cancellare.
I've lost my rubber.

ALL'INTERNO DELLA SCUOLA – INSIDE THE SCHOOL

1024. Segreteria = Secretariat

Per i documenti, devi andare in segreteria.
For documents, you need to go to the secretariat.

1025. Consiglio di classe = Class council

È stato convocato il consiglio di classe.
The class council has been convened.

1026. Laboratorio = Laboratory

Ogni giorno andiamo in laboratorio.
Every day we go to the laboratory.

1027. Classe = Classroom

Non c'è nessuno in classe.
There is nobody in the classroom.

1028. Presidenza = Presidency

Marco e Andrea sono andati in presidenza.
Marco and Andrea went to the presidency.

ALL'INTERNO DELLA CLASSE – INSIDE THE CLASSROOM

1029. Lavagna = Board

La professoressa sta spiegando alla lavagna.
The teacher is explaining at the board.

1030. Registro elettronico = Electronic register

Posso controllare i voti dal registro elettronico.
I can check the votes from the electronic register.

1031. Lavagna interattiva multimediale (LIM) = Multimedia interactive whiteboard

In questa classe c'è una lavagna interattiva multimediale.
In this class there is a multimedia interactive whiteboard.

1032. Registro = Register

Il professore scrive i voti nel registro.
The professor writes grades in the register.

1033. Gessetto = Piece of chalk

La professoressa impugna un gessetto.
The teacher is holding a piece of chalk.

1034. Banco = Desk

Marta si siede a quel banco da 5 anni.
Marta has sat at that desk for 5 years.

1035. Cartina geografica = Map

Abbiamo una cartina geografica in classe.
We have a map in the classroom.

TERMINI SCOLASTICI – SCHOOL TERMS

1036. Ufficio scolastico regionale (USR) = Regional school office

Dov'è l'ufficio scolastico regionale?
Where is the regional school office?

1037. Disturbi specifici dell'apprendimento (DSA) = Specific learning disorders

Quel ragazzo ha dei disturbi specifici dell'apprendimento.
That guy has specific learning disorders.

1038. Gita = Trip

Fra una settimana andremo in gita.
In a week we will go on a trip.

1039. Progetti = Projects

Vengono fatti molti progetti nella nostra scuola.
Many projects are made in our school.

1040. Esame = Exam

Com'è andato quell'esame?
How did that exam go?

1041. Verifica = School test

Domani ho una verifica e sono molto nervoso.
I have a school test tomorrow and I'm very nervous.

1042. Corso = Course

Hai seguito il corso sulla sicurezza?
Have you attended the safety course?

1043. Intervallo = Break

Tra le 10 e le 11 la classe farà l'intervallo.
Between 10 and 11 a.m. the class will have the break.

1044. Invalsi = Invalsi tests

Tra pochi mesi avrò le prove invalsi.
In a few months I will have the invalsi tests.

1045.   Lezione = Lesson

La classe deve fare silenzio durante la lezione.
The class must be quiet during the lesson.

1046.   Formazione = Training

La formazione è importante per la maggior parte dei lavori.
Training is important for most jobs.

1047.   Valutazione = Evaluation

La valutazione è stata insufficiente.
The evaluation was insufficient.

1048.   Sospensione = Suspension

Paolo si è meritato una sospensione di una settimana.
Paolo has deserved a one-week suspension.

ALTRI – OTHERS

1049.   Competenza = Skill

La scuola mira a raffinare ogni tua competenza.
The school aims to refine each of your skill.

1050.   Bullismo = Bullying

Il bullismo è un problema molto diffuso a scuola.
Bullying is a widespread problem at school.

1051.   Cultura = Culture

La scuola accresce la cultura degli studenti.
The school enhances students' culture.

1052.　　Inclusione = Inclusion

Un obiettivo della scuola è l'inclusione di tutti gli studenti nella comunità.
A goal of the school is the inclusion of all students in the community.

1053.　　Sicurezza = Security

I corsi sulla sicurezza sono molto importanti.
Security courses are very important.

1054.　　Ricerca = Research

Ho una ricerca da fare per domani.
I have a search for tomorrow.

1055.　　Ora di supplenza= Hour of substitution

Oggi abbiamo avuto un'ora di supplenza.
Today we had an hour of substitution.

1056.　　Senso civico = Civic sense

Il senso civico va insegnato a ogni studente.
The civic sense must be taught to every student.

1057.　　Segreti = Secrets

A scuola si condividono moltissimi segreti.
Many secrets are shared at school.

1058.　　Crescita = Growth

La scuola deve essere un ambiente di crescita.
School must be a growth environment.

1059.　　Sviluppo = Development

A scuola ho partecipato allo sviluppo di un'applicazione.
At school I took part in the development of an application.

VERBI USATI CON LA SCUOLA – VERBS USED WITH THE SCHOOL

1060.   Studiare = To study

Francesco studia inglese.
Francesco studies English.

1061.   Scrivere = To write

Devo scrivere tutto altrimenti mi dimentico.
I must write everything, or I forget it.

1062.   Insegnare = To teach

Ti insegno l'italiano.
I teach you Italian.

1063.   Imparare = To learn

Ho imparato molte cose a scuola.
I've learned a lot at school.

1064.   Leggere = To read

Luigi legge due libri.
Luigi reads two books.

CIBO E RISTORAZIONE – FOOD AND RESTORATION

BEVANDE – DRINK

1065.   Acqua = Water

Vorrei un'acqua naturale.
I would like a still water.

1066.   Bevande alcoliche = Alcoholic beverages

I minorenni non possono acquistare bevande alcoliche.
Minors can't purchase alcoholic beverages.

1067.   Birra = Beer

Amo tutti i tipi di birra.
I love all kinds of beer.

1068.   Vino = Wine

Mi piace il vino bianco.
I love white wine.

1069.   Liquore = Liquor

Non bevo molti liquori; preferisco rilassarmi con un buon vino.
I don't drink a lot of liquors; I'd rather relax with a good wine.

1070.   Assenzio = Absinthe

A pranzo preferisco bere l'assenzio.
At lunch I prefer drinking absinthe.

1071. Birra artigianale = Home Brew

Peter ha prodotto della birra artigianale.
Peter made some home brew.

1072. Birra doppio malto = Double malt beer

La mia bevanda preferita è la birra doppio malto.
My favorite drink is double malt beer.

1073. Birra stile Lager = Lager style beer

Mio nonno beve solo birra stile Lager.
My grandfather only drinks Lager style beer.

1074. Campari = Campari

Mio padre ha comprato 3 bottiglie di Campari per la festa.
My father bought 3 bottles of Campari for the party.

1075. Rum = Rum

Il rum è molto forte.
Rum is very strong.

1076. Sidro di mele = Apple cider

Il sidro di mele è una bevanda particolare.
Apple cider is a particular drink.

1077. Liquore al cioccolato cremoso al rum = Creamy rum chocolate liqueur

Hai mai assaggiato il liquore al cioccolato cremoso al rum?
Have you ever tasted the creamy rum chocolate liqueur?

1078. Liquore alla liquirizia = Liquorice liqueur

La ricetta del liquore alla liquirizia è molto lunga.
The liquorice liqueur recipe is very long.

1079. Punch = Punch

Ti piace il Punch?
Do you like Punch?

1080. Vin brulè = Mulled Wine

Alla mia comunione è stato servito il Vin Brulè.
Mulled wine was served at my communion party.

1081. Liquore all'uovo = Egg liqueur

Odio l'odore del liquore all'uovo.
I hate the smell of egg liqueur.

1082. Acqua tonica = Tonic water

Mia nonna ha sempre amato l'acqua tonica.
My grandmother has always loved tonic water.

1083. Aranciata = Orange juice

Al compleanno di mio cugino, ho portato 6 bottiglie di aranciata.
At my cousin's birthday, I brought 6 bottles of orange juice.

1084. Bevande analcoliche = Soft drinks

I minorenni possono ordinare bevande analcoliche.
Minors can order soft drinks.

1085. Bevande energetiche = Energy drink

Bevo sempre bevande energetiche prima delle partite.
I always drink energy drinks before the games.

1086. Birra analcolica = Alcohol-free beer

Bob beve birra analcolica.
Bob drinks alcohol-free beer.

1087.   **Caffè = Coffee**

Dopo pranzo, il caffè è sacro per la mia famiglia.
After lunch, coffee is sacred for my family.

1088.   **Caffè decaffeinato = Decaf**

Jenny beve solo caffè decaffeinato.
Jenny only drinks decaf.

1089.   **Caffè espresso = Espresso**

Sarah ha bevuto un caffè espresso.
Sarah drank an espresso.

1090.   **Caffè shakerato = Shaken coffee**

Mio zio Gianni beve solo caffè shakerato.
My uncle Gianni drinks only shaken coffee.

1091.   **Cappuccino = Cappuccino**

Mio zio è un fenomeno nel preparare cappuccini.
My uncle is a phenomenon at making cappuccinos.

1092.   **Coca cola = Coke**

Mio nonno dopo pranzo beve 3 bicchieri di Coca cola.
My grandfather drinks 3 glasses of Coke after lunch.

1093.   **Frappè = Milkshake**

I miei amici prendono un frappè ogni sera.
My friends have a milkshake every night.

1094.   **Limonata = Lemonade**

La limonata è una prelibatezza.
Lemonade is a delicacy.

1095.   Succhi di frutta = Fruit Juices

Amo i succhi di frutta!
I love fruit juices!

1096.   Tisana = Herbal tea

In inverno prendo sempre una tisana prima di addormentarmi.
In winter I always take an herbal tea before sleeping.

INGREDIENTI – INGREDIENTS

1097.   Amarena = Black cherry

L'amarena è molto simile alla ciliegia.
Black cherry is very similar to cherry.

1098.   Anguria = Watermelon

L'anguria contiene molta acqua.
Watermelon contains a lot of water.

1099.   Albicocca = Apricot

L'albicocca è il frutto preferito di Marco.
Apricot is Marco's favorite fruit.

1100.   Arancia = Orange

La spremuta di arancia è molto salutare.
Orange juice is very healthy.

1101.   Avocado = Avocado

L'avocado ha un gusto particolare che non piace a tutti.
The avocado has a particular taste that not everyone likes.

1102.   Banana = Banana

In cucina c'è un cesto di banane.
In the kitchen there is a basket of bananas.

1103.   Ciliegia = Cherry

Mia nonna faceva sempre la marmellata di ciliegie.
My grandmother always made cherry jam.

1104.   Fico = Fig

Martina ha fatto una torta di fichi ieri.
Martina made a fig cake yestaday.

1105.   Fragola = Strawberries

Il risotto con le fragole piace molto a Paolo.
Paolo likes risotto with strawberries a lot.

1106.   Kiwi = Kiwi

Il kiwi piace molto ai bambini.
Children love kiwi a lot.

1107.   Lampone = Raspberry

Il lampone è rosso.
The raspberry is red.

1108.   Limone = Lemon

Molti cocktail prevedono l'utilizzo del limone.
Many cocktails involve the use of lemon.

1109.   Mandarino = Mandarin

Il mandarino è un frutto invernale.
Mandarin is a winter fruit.

1110.   Mango = Mango

Il mango contiene molti zuccheri.
Mango contains many sugars.

1111.   Mela = Apple

La mela è sul tavolo.
The apple is on the table.

1112.   Mirtillo = Blueberry

Il mirtillo macchia i vestiti.
The blueberry stains clothes.

1113.   Mora = Blackberry

La mora è nera.
The blackberry is black.

1114.   Nespola = Medlar

La nespola è esteticamente simile all'albicocca.
The medlar is aesthetically similar to apricot.

1115.   Papaya = Papaya

La papaya è un tipico frutto esotico.
Papaya is a typical exotic fruit.

1116.   Pera = Pear

La pera è gialla.
The pear is yellow.

1117.   Pesca = Peach

Molti giovani amano le pesche.
Many young people love peaches.

1118.   Prugna = Prune

Luca va ghiotto di prugne.
Luca is fond of prunes.

1119.   Ravanello = Radish

Il ravanello è rosso.
The radish is red.

1120.   Barbabietola = Beet

La barbabietola da zucchero è spesso citata nei libri di geografia.
Sugar beet is often mentioned in geography books.

1121.   Carota = Carrot

I conigli vanno ghiotti di carote.
Rabbits are greedy for carrots.

1122.   Cavolfiore = Cauliflower

Il cavolfiore è verde.
Cauliflower is green.

1123.   Ceci = Chickpeas

La nonna di Maria cucina sempre pasta e ceci.
Maria's grandmother always cooks pasta and chickpeas.

1124.   Cetrioli = Cucumbers

I cetrioli che mi ha dato Lucia erano amari.
The cucumbers Lucia gave me were bitter.

1125.   Cipolla = Onion

La cipolla fa lacrimare gli occhi se tagliata cruda.
Onion makes your eyes water if cut raw.

1126.   Fagioli = Beans

Domani mangerò dei fagioli.
Tomorrow I will eat beans.

1127.   Insalata = Salad

Mangiare spesso l'insalata fa bene alla salute.
Eating salad often is good for your health.

1128.   Lattuga = Lettuce

Le lumache amano la lattuga.
Snails love lettuce.

1129.   Lenticchie = Lentils

Il 31 gennaio, in Italia è molto comune mangiare le lenticchie.
On January 31, in Italy it is very common to eat lentils.

1130.   Melanzana = Aubergine

La parmigiana è fatta con le melanzane.
Parmigiana is made with aubergines.

1131.   Melone = Melon

Esistono diversi tipi di melone.
There are different types of melon.

1132.   Origano = Oregano

L'origano è una spezia molto utilizzata in cucina.
Oregano is a spice widely used in cooking.

1133.   Ortaggio = Vegetable

Gli ortaggi sono molto salutari.
Vegetables are very healthy.

1134. Patata = Potato

La patata cresce sottoterra.
The potato grows underground.

1135. Peperone = Pepper

Marco cucina spesso i peperoni grigliati.
Marco often cooks grilled peppers.

1136. Piselli = Peas

I piselli piacciono molto ai bambini.
Peas are very popular with children.

1137. Pomodoro = Tomato

Il sugo è fatto con i pomodori.
The sauce is made with tomatoes.

1138. Sedano = Celery

Il sedano viene usato per fare il minestrone di verdure.
Celery is used to make vegetable soup.

1139. Spinaci = Spinach

Braccio di ferro mangiava spesso gli spinaci.
Popeye often ate spinach.

1140. Zucca = Pumpkin

Le vendite di zucche aumentano a fine ottobre.
Pumpkin sales increase at the end of October.

1141. Zucchina = Zucchini

Ieri sera ho mangiato delle zucchine.
Last night I ate some zucchini.

1142.   Funghi = Mushrooms

Nel bosco si trovano tanti funghi.
In the woods you can find many mushrooms.

1143.   Alloro = Laurel

L'alloro è usato per insaporire il cibo.
The laurel is used to season food.

1144.   Erba cipollina = Chive

L'erba cipollina è spesso usata in cucina.
Chive is often used in cooking.

1145.   Prezzemolo = Parsley

Il prezzemolo fa male agli animali.
Parsley is bad for animals.

1146.   Rabarbaro = Rhubarb

Il rabarbaro ha un sapore molto particolare.
Rhubarb has a very particular taste.

1147.   Timo = Thyme

Il timo viene usato spesso in campo medico.
Thyme is often used in the medical field.

1148.   Aceto = Vinegard

Amo l'aceto balsamico.
I love the balsamic vinegard.

1149.   Agnello = Lamb

A Pasqua, mangiamo sempre l'agnello
On Easter day, we always eat lamb.

1150. Cacao = Cocoa

Bevo sempre il latte al cacao!
I always drink milk with cocoa!

1151. Carne = Meat

Non mi piace la carne.
I don't like meat.

1152. Cioccolato = Chocolate

Amo il cioccolato amaro.
I love dark chocolate.

1153. Crema = Cream

Una deliziosa crema.
A very tasteful cream.

1154. Dolce = Sweet

Le patate possono essere dolci.
Potatos can be sweet.

1155. Fragola = Strawberry

Mangerò solo una fragola.
I'll eat just one strawberry.

1156. Frutta = Fruits

Amo tutti i frutti.
I love all kind of fruits.

1157. Gelato = Ice-cream

Il bimbo ama il gelato.
The baby loves ice-cream.

1158.   Grigliato = Grilled

Il maiale è grigliato.
The pork is grilled.

1159.   Integrale = Integral

Mi piacciono i biscotti integrali
I like integral biscuits.

1160.   Latte = Milk

Sono allergica al latte.
I'm allergic to milk.

1161.   Legumi = Legumes

Mangia i legumi, sono salutari!
Eat legumes, they're healthy!

1162.   Manzo = Beef

Non mi piace il manzo
I don't like beef.

1163.   Olio = Oil

Amo l'olio d'oliva.
I love olive oil.

1164.   Ossa = Bones

Lascio le ossa ai miei cani.
I leave bones to my dogs.

1165.   Pane = Bread

Il pane è fresco.
The bread is fresh.

1166. Panna montata = Whipped cream

Io amo le fragole con la panna montata.
I love strawberries with whipped cream.

1167. Pasta = Pasta

La pasta è sublime.
Pasta is amazing.

1168. Pasticceria = Pastry

Dopo il caffè, un po' di pasticceria.
After the coffee, a bit of pastry.

1169. Patata = Potato

Questa zuppa è una crema di patata.
This soup is a potato cream.

1170. Pepe = Pepper

Niente pepe per me.
No pepper for me.

1171. Pescato = Seafood

Qual è il pescato del giorno?
What is the seafood for today?

1172. Pesce = Fish

Il pesce è perfetto col vino bianco.
Fish is perfect with white wine.

1173. Petto = Breast

Questo petto di pollo è delizioso.
This chicken breast is delicious.

1174.   Pizza = Pizza

Mi piace mangiare la pizza la domenica.
I love to eat pizza on Sunday.

1175.   Pollo = Chicken

Adoro il pollo.
I love chicken.

1176.   Riso = Rice

Il riso bolle.
The rice is boiling.

1177.   Salato = Salted

Il pesce va salato.
The fish must be salted.

1178.   Sale = Salt

Occorre aggiungere il sale.
You need to add the salt.

1179.   Torta = Cake

Per il mio compleanno faremo una torta.
For my birthday we'll make a cake.

1180.   Uovo = Egg

Solo un uovo qui in campagna?
Only one egg here in the country?

1181.   Vegetali = Vegetables

Adoro i vegetali.
I love vegetables.

1182.   Zuppa = Soup

Amo la zuppa calda.
I love hot soup.

PEOPLE – PERSONE

1183.   Cliente = client

Paolo sta parlando con un cliente.
Paolo is talking to a client.

1184.   Cuoco = Cooker

Il cuoco è eccellente.
The cooker is amazing.

1185.   Cameriera = Waitress

Ho lavorato come cameriera in un pub.
I worked as a waitress in a pub.

1186.   Chef = Chef

Chi pensi sia il migliore chef?
Who do you think is the best chef?

1187.   Pizzaiolo = Pizza maker

Io cerco un pizzaiolo esperto.
I'm looking for an expert pizza maker.

1188.   Barista = Barman

Barista, mi fa un mojito per favore?
Barman, can you make me a mojito please?

1189. Pasticcere = Pastry-cook

Se fossi un pasticcere, mangerei tutte le torte.
If I was a pastry-cook, I'd eat all the cakes.

1190. Panettiere = Baker

Il panettiere di solito lavora di notte.
The baker usually works at nigh.

1191. Gelataio = Ice-cream man

Ho conosciuto un simpatico gelataio.
I've met a nice ice-cream man.

1192. Macellaio = Butcher

Il macellaio ha la carne di qualità.
The butcher has quality meat.

1193. Sommelier = Sommelier

In questo ristorante c'è un sommelier.
In this restaurant there is a sommelier.

1194. Critico culinario = Food critic

Giovanni è un famoso critico culinario.
Giovanni is a famous food critic.

TERMINI DELLA RISTORAZIONE E PIATTI TIPICI – TERMS OF THE RESTORATION AND TIPICAL DISHES

1195. Ristorante = Restaurant

Il ristorante è aperto ogni giorno.
The restaurant is open every day.

1196.   Conto = Bill

Posso avere il conto per favore?
May I have the bill please?

1197.   Grembiule = Apron

Il grembiule è necessario per non sporcarsi.
The apron is necessary to not get dirty.

1198.   Menù = Menu

Puoi passarmi il menù?
Can you pass me the menu?

1199.   Servizio = Service

Il servizio non è stato buono.
The service wasn't good.

1200.   Piatto del giorno = Dish of the day

Il piatto del giorno è scelto dallo chef.
The dish of the day is chosen by the chef.

TIPI DI CUCINA – TYPES OF KITCHEN

1201.   Cucina messicana = Mexican cuisine

La cucina messicana è famosa per i tacos.
The Mexican cuisine is famous for tacos.

1202.   Cucina vegana = Vegan cuisine

La cucina vegana usa solo ingredienti vegetali.
Vegan cuisine uses only vegetables ingredients.

1203.   Cucina vegetariana = Vegetarian cuisine

La cucina vegetariana è salutare.
Vegetarian cuisine is healthy.

1204.   Cucina thailandese = Thai cuisine

La cucina thailandese è piccante.
Thai cuisine is spicy.

1205.   Cucina giapponese = Japanese cuisine

Un piatto tipico della cucina giapponese è il ramen.
A typical dish of Japanese cuisine is ramen.

1206.   Cucina cinese = Chinese cuisine

La cucina cinese è famosa nel mondo.
Chinese cuisine is worldwide famous.

1207.   Cucina celiaca = Gluten-free cuisine

La cucina celiaca è per celiaci.
Gluten-free cuisine is for celiacs.

1208.   Cucina italiana = Italian cuisine

Il più famoso piatto della cucina italiana è la pizza.
The most famous dish of Italian cuisine is pizza.

VERBI USATI CON IL CIBO – VERBS USED WITH THE FOOD

1209.   Mangiare = To eat

Maria mangia tanta pasta.
Maria eats a lot of pasta.

1210.   Bere = To drink

Luigi sta bevendo un bicchiere d'acqua.
Luigi is drinking a glass of water.

1211.   Assaggiare = To taste

A Luigi piace assaggiare cibi nuovi.
Luigi likes tasting new foods.

1212.   Assaporare = To savor

Voglio assaporare questo vino.
I want to savor this wine.

1213.   Apparecchiare = To set

Luigi apparecchia la tavola tutte le sere.
Luigi sets the table every evening.

1214.   Servire = To serve

Gianni serve come cameriere.
Gianni serves as waiter.

SEGNI ZODIACALI – ZODIAC SIGNES

1215.   Cancro = Cancer

Mario è nato il 24 giugno, quindi è Cancro.
Mario was born on the 24th of July, so he is a Cancer.

1216.   Pesci = Pisces

Marco è del segno dei Pesci.
Marco is the sign of Pisces.

1217.   Aquario = Aquarius

L'Acquario è un segno molto popolare.
Aquarius is a very popular sign.

1218.   Toro = Taurus

Giovanna è del segno del Toro.
Giovanna is the sign of Taurus.

1219.   Gemelli = Gemini

I Gemelli sono il terzo segno dell'oroscopo.
Gemini is the third sign of the horoscope.

1220.   Ariete = Aries

L'elemento dell'ariete è il fuoco.
The element for Aries is fire.

1221.   Capricorno = Capricorn

Il Capricorno è il decimo segno dello zodiaco.
Capricorn is the tenth sign of the zodiac.

1222. Sagittario = Sagittarius

Il Sagittario è il mio segno.
My sign is Sagittarius.

1223. Scorpione = Scorpio

Lo Scorpione è il segno preferito di Luca.
Scorpio is Luca's favourite sign.

1224. Bilancia = Libra

La Bilancia è il segno di Tommaso.
Tommaso's sign is Libra.

1225. Vergine = Virgo

La Vergine è il sesto segno dello zodiaco.
Virgo is the sixth sign of the zodiac.

CASA – HOUSE

TIPOLOGIE DI CASE – TYPES OF HOUSES

1226.   Appartamento = Flat

Viviamo in un appartamento in città.
We live in a flat in the city.

1227.   Villa = Villa

Preferisco vivere in una villa in campagna.
I prefer living in a country villa.

1228.   Villetta a schiera = Semi-detached houses

Le villette a schiera sono la soluzione ideale per noi. Ci danno un senso di sicurezza.
The semi-detached houses are the perfect solution for us. They give us a sense of security.

1229.   Monolocale = Studio

Vivo in un monolocale perché sono solo.
I live in a studio because I'm alone.

1230.   Attico = Attic

Franco ha deciso di vivere in un attico.
Franco has decided to live in an attic.

1231.   Casa popolare = Council house

Questo quartiere è pieno di case popolari.
This neighborhood is full of council houses.

1232.   Casa di campagna = Country house

La mia famiglia ha una casa di campagna.
My family has a country house.

1233.   Castello = Castle

Possiamo vedere il castello in lontananza.
We can see the castle in the distance.

1234.   Bilocale = Two-room apartment

Io vivo in un bilocale.
I live in a two-room apartment.

1235.   Trullo = Trullo

In Puglia ci sono molti trulli.
In Apulia there are many trulli.

PARTI DELLA CASA – PARTS OF THE HOUSE

1236.   Bagno = Bathroom

Vado in bagno.
I go to the bathroom.

1237.   Cameretta = Children room

La cameretta dei bambini è piena di pupazzi.
The children room is full of puppets.

1238.   Camera da letto = Bedroom

Mario sta dormendo in camera da letto.
Mario is sleeping in the bedroom.

1239.   Cucina = Kitchen

La cucina è il mio regno.
The kitchen is my kingdom.

1240.   Tetto = Roof

Dobbiamo riparare il tetto.
We need to repair the roof.

1241.   Locale lavanderia = Laundry room

Avere un locale lavanderia è molto utile.
Having a laundry room is very useful.

1242.   Scala = Stair

Sali le scale e trovi il bagno.
Go up the stairs and you will find the bathroom.

1243.   Taverna = Basement

In taverna trascorriamo molte serate in allegria con i nostri amici.
We spend many cheerfully evenings in the basement with our
friends.

1244.   Sala = Living room

Trascorriamo molte sere in sala.
We spend many evenings in the living room.

1245.   Ingresso = Hallway

Ho lasciato il cappotto all'ingresso.
I left the coat in the hallway.

1246.   Studio = Study room

Vado in studio a spedire la mail.

I'm going to the study room to send the mail.

1247.   Giardino = Garden

Usciamo in giardino.
Let's go to the garden.

1248.   Giardino posteriore = Back garden

Sono nel giardino posteriore.
I'm in the back garden.

1249.   Garage = Garage

Maria è in garage a fare pulizie.
Maria is in the garage to do the cleaning.

1250.   Balcone = Balcony

Il balcone è ampio e, d'estate, deve essere piacevole trascorrere le serate qui.
The balcony is large, and, during summer, it should be nice spending the evenings here.

1251.   Camera degli ospiti = Guest room

Dormirai nella camera degli ospiti.
You will sleep in the guest room.

1252.   Sala da pranzo = Dining room

Oggi pranzeremo nella sala da pranzo.
Today we'll have lunch in the dining room.

BAGNO – BATHROOM

1253.   Wc = Toilet

Il wc è nuovo.

The toilet is new.

1254.   Bidet = Bidet

Abbiamo messo il bidet.
We've put the bidet.

1255.   Doccia = Shower

La doccia si è rotta ieri.
The shower broke yesterday.

1256.   Vasca = Tub

Preferisco la vasca.
I prefer the tub.

1257.   Bilancia = Scale

La bilancia è in bagno.
The scale is in the bathroom.

1258.   Accapatoio = Bathrobe

Puoi usare il mio accappatoio se vuoi.
You can use my bathrobe if you want.

1259.   Carta igenica = Toilet paper

La carta igienica è nell'armadio.
The toilet paper is in the closet.

1260.   Lavandino = Washbasin

Potresti pulire il lavandino?
Could you clean the washbasin?

1261.   Rubinetto = Tap

Chiudi il rubinetto!
Close the tap!

1262.   Vasca da bagno = Bathtub

Irene, riempi la vasca da bagno.
Irene, fill the bathtub.

1263.   Asciugamano = Bath towel

Prendi un asciugamano pulito.
Take a clean bath towel.

CAMERA DA LETTO – BEDROOM

1264.   Sveglia = Alarm clock

Punto sempre la sveglia la mattina.
I always set my alarm clock in the morning.

1265.   Materasso = Mattress

Ho un materasso ortopedico.
I've an orthopedic mattress.

1266.   Guardaroba = Wardrobe

Il mio guardaroba è sempre in disordine. Ho troppe cose!
My wardrobe is always a mess. I have too much stuff!

1267.   Cestino = Basket

Il cestino sulla scrivania è pieno di giocattoli.
The basket on the desk is full of toys.

1268.   Cassettiera = Dresser

Abbiamo comprato un'altra cassettiera.
We bought another dresser.

1269. Letto = Bed

Il letto è molto comodo.
The bed is very comfortable.

1270. Cuscino = Pillow

Questo cuscino è basso.
This pillow is low.

1271. Federa = Pillowcase

La federa azzurra è sporca.
The light blue pillowcase is dirty.

1272. Lenzuolo = Sheet

Il lenzuolo sul comodino è per il tuo letto.
The sheet on the bedside table is for your bed.

1273. Coperta = Blanket

La coperta di lana è nell' armadio.
The wool blanket is in the closet.

1274. Comodino = Bedside table

Abbiamo due comodini in camera.
We have two bedside tables in the bedroom.

1275. Armadio = Closet

Dobbiamo comprare un nuovo armadio.
We have to buy a new closet.

1276. Quadro = Picture

Mi piace questo quadro che hai dipinto.
I like this picture you painted.

1277.   Cornice = Frame

Mario mi ha regalato una cornice.
Mario gave me a frame.

1278.   Piumone = Duvet

Stanotte dormiremo con il piumone.
Tonight, we will sleep with the duvet.

1279.   Lampada da comodino = Bedside lamp

Dobbiamo comprare una nuova lampada da comodino.
We have to buy a new bedside lamp.

CUCINA – KITCHEN

1280.   Tovaglia = Tablecloth

La tovaglia a quadrati rossi è nella lavatrice.
The red plaid tablecloth is in the washing machine.

1281.   Lampadario = Chandelier

Che bel lampadario avete in cucina!
What a beautiful chandelier you have in the kitchen!

1282.   Fornello = Stove

Spegni il fornello per favore.
Turn off the stove please.

1283.   Brocca = Pitcher

Riempi di acqua la brocca.
Fill the pitcher with water.

1284.   Credenza = Sideboard

Ho appena finito di pulire tutta la credenza.
I've just finished cleaning up the sideboard.

1285.   Bicchiere = Glass

Il bicchiere di cristallo è li.
The crystal glass is there.

1286.   Bottiglia = Bottle

Posso avere una bottiglia?
May I have a bottle?

1287.   Coltello = Knife

Un coltello affilato è utile.
A sharp knife is helpful.

1288.   Cucchiaio = Spoon

Per la zuppa, serve il cucchiaio.
For the soup, you need the spoon.

1289.   Forchetta = Fork

Per favore usa la forchetta per mangiare la pasta.
Please use the fork to eat pasta.

1290.   Piatto = Dish

Per favore prendi il tuo piatto.
Plase take your dish.

1291.   Frigorifero = Fridge

Maria ha sbrinato il frigorifero.
Maria has defrosted the fridge.

1292.   Tovagliolo = Napkin

Il tovagliolo è sul pavimento.
The napkin is on the floor.

1293.   Lavastoviglie = Dishwasher

Non so come farei senza lavastoviglie.
I don't know what I would do without dishwasher.

1294.   Barattolo = Jar

Guarda nel barattolo in cucina e troverai dei soldi.
Look in the jar in the kitchen and you'll find some money.

1295.   Detersivo per i piatti = Dishwashing detergent

Non ricordo dove ho messo il detersivo dei piatti.
I don't remember where I've put the dishwashing detergent.

1296.   Congelatore = Freezer

Uso molto il congelatore.
I use the freezer a lot.

1297.   Lavello = Sink

Per noi, avere un piccolo lavello in garage è molto utile.
For us, having a little sink in the garage is very useful.

1298.   Sedia = Chair

La sedia su cui sei seduto è nuova.
The chair you're sitting on is new.

1299.   Tavolo = Table

Sul tavolo trovi quello che ti serve.
On the table you can find what you need.

1300. Forno = Oven

Metti il tacchino nel forno.
Put the turkey in the oven.

1301. Microonde = Microwave

Cucino molte cose nel microonde.
I cook a lot of things in the microwave.

1302. Padella = Pan

Ho comprato una nuova padella.
I've bought a new pan.

1303. Pentola = Pot

Questa è l'unica pentola che possiedo.
This is the only pot I own.

1304. Tagliere = Chopping board

Il tagliere è molto utile per tagliare le verdure.
The chopping board is very useful to cut vegetables.

1305. Calice di vino = Wine glass

Passami il calice di vino.
Pass me the wine glass.

1306. Frullatore = Mixer

Uso il frullatore tutti i giorni.
I use the mixer everyday.

1307. Tostapane = Toaster

Metti il toast dentro il tostapane.
Put the toast in the toaster.

1308.   Servizio di piatti = Dish set

In quel ristorante hanno un bel servizio di piatti.
In that restaurant they have a nice dish set.

SALA – LIVING ROOM

1309.   Mensola = Shelf

Ho una mensola rossa in sala.
I've a red shelf in the living room.

1310.   Pianta da appartamento = Houseplant

Ho comprato numerose piante da appartamento per la mia casa
nuova.
I've bought many houseplants for my new house.

1311.   Televisione = Television

Se accendi la televisione tieni il volume basso.
If you turn on the television, keep the volume low.

1312.   Divano = Sofa

Abbiamo un divano a tre posti.
We have a three-seat sofa.

1313.   Poltrona = Armchair

Ho comprato una poltrona nuova.
I bought a new armchair.

1314.   Tappeto = Carpet

Il tappeto rosso è in sala.
The red carpet is in the living room.

1315.   Condizionatore d'aria = Air conditioner

D'estate accendiamo il condizionatore d'aria.
In summer, we turn on the air conditioner.

1316.   Orologio = Clock

L'orologio in sala è in stile vintage.
The living room clock is vintage style.

1317.   Tende = Curtains

Ho comprato delle tende gialle per la sala.
I've bought some yellow curtains for the living room.

1318.   Finestra = Window

La mia finestra affaccia sul cortile.
My window faces on the courtyard.

1319.   Radio = Radio

Preferisco ascoltare la radio.
I prefer listening to the radio.

1320.   Lettore Cd = Cd player

Il lettore cd è un po' vecchio.
The CD player is a bit old.

1321.   Console = Console

Se accendi la console, ci facciamo una partita.
If you turn on the console, we'll play a game.

1322.   Libreria = Bookcase

La libreria di Mara è ricca di libri classici e contemporanei perché lei ama leggere.

Mara's bookcase is rich of classic and contemporary books because she loves reading.

1323.   Ventilatore = Fan

Il ventilatore mi è sufficiente.
The fan is enough.

1324.   Caminetto = Fireplace

D'inverno teniamo spesso il caminetto acceso per riscaldare la casa e dare una certa atmosfera.
In winter, we often keep the fireplace lit to heat the house and give a certain atmosphere.

1325.   Calorifero = Radiator

A ottobre, noi accendiamo i caloriferi.
In October, we turn on the radiators.

1326.   Soprammobile = Ornament

Mario ha troppi soprammobili in casa.
Mario has too many ornaments in the house.

INGRESSO – ENTRANCE

1327.   Chiavi = Keys

Hai tu le chiavi di casa?
Do you have the house keys?

1328.   Serratura = Lock

Mi si è bloccata la serratura e per questo motivo devo chiamare un fabbro per farla aggiustare.
My lock got jammed and because of this, I need to call a smith to fix it.

1329.   **Porta = Door**

La porta è aperta.
The door is open.

1330.   **Scarpiera = Shoe rack**

Metti le tue ciabatte nella scarpiera.
Put your slippers in the shoe rack.

1331.   **Appendiabiti = Hall stand**

Ho appeso il tuo giubbotto nell'appendiabiti all'ingresso. Quando esci lo puoi trovare lì.
I hung up your jacket in the hall stand at the entrance. When you go out, you can find it there.

1332.   **Porta blindata = Security door**

In città la porta blindata è indispensabile.
In the city, the security door is essential.

LOCALE LAVANDERIA – LAUNDRY ROOM

1333.   **Spugna = Sponge**

La spugna verde è per la cucina.
The green sponge is for the kitchen.

1334.   **Caldaia = Boiler**

Si è rotta la caldaia.
The boiler broke down.

1335.   **Lavatrice = Washing machine**

Maria ha due lavatrici in casa per comodità.
Maria has two washing machines for convenience.

1336.   Asciugatrice = Dryer

L'asciugatrice ti permette di asciugare i tuoi panni senza stenderli.
The dryer allows you to dry your clothes without hanging them up.

1337.   Straccio per pavimenti = Mop

Passo lo straccio per pavimenti ogni mattina.
I mop every morning.

1338.   Aspirapolvere = Vacuum cleaner

Se mi si rompe l'aspirapolvere sono rovinato!
If my vacuum cleaner breaks, I'm ruined!

1339.   Ferro da stiro = Iron

Il nostro ferro da stiro è inutilizzato.
Our iron is unused.

1340.   Scopa = Broom

Mi passi la scopa?
Can you give me the broom?

1341.   Spazzolone = Scrubbing brush

Lo spazzolone lo trovi nel ripostiglio.
You can find the scrubbing brush in the storage room.

FUORI DALLA CASA – OUTSIDE THE HOUSE

1342.   Portone = Main door

Chi sbatte sempre il portone?
Who always slams the main door?

1343.   Zerbino = Door mat

Pulisci i piedi sullo zerbino.
Clean your feet on the door mat.

1344.   Portaombrelli = Umbrella stand

Metti l'ombrello nel portaombrelli.
Put the ubrella in the umbrella stand.

1345.   Allarme di sicurezza = Security alarm

Attiva l'allarme di sicurezza.
Turn on the security alarm.

1346.   Ascensore = Elevator

Abito all'ottavo piano. Come farei senza l'ascensore?
I live on 8th floor. What would I do without the elevator?

1347.   Posacenere = Ashtray

Hai un posacenere per favore?
Do you have an ashtray please?

1348.   Vaso = Pot

Mi piacciono i vasi che hai scelto per le piante sul balcone.
I like the pots that you chose for the balcony plants.

1349.   Cuccia del cane = Dog house

La cuccia del cane è in giardino.
The dog house is in the garden.

1350.   Aiuola = Flower bed

Quell'aiuola è piena di fiori colorati.
That flower bed is full of colorful flowers.

1351. Annaffiatoio = Watering can

Se mi passi l'annaffiatoio, ci penso io a bagnare le piante.
If you bring me the watering can, I'll take care of watering plants.

1352. Ascia = Axe

Prendi un'ascia per favore.
Take an axe please.

1353. Cancello = Gate

Il cancello si è rotto, bisogna cambiare la serratura.
The gate is broken, you need to change the lock.

1354. Capanno = Shed

Ho un capanno pieno di attrezzi.
I have a shed full of tools.

1355. Carriola = Wheelbarrow

Chiedi al vicino una carriola così trasportiamo queste foglie al bidone più velocemente.
Ask the neighbour a wheelbarrow so we can bring these leaves to the dustbin quicker.

1356. Cassetta delle lettere = Letterbox

Nella cassetta delle lettere troverai il mio messaggio.
In the letterbox you will find my message.

1357. Cesoie = Secateurs

Se vuoi potare bene queste siepi devi comprare delle cesoie, altrimenti non ce la farai.
If you want to trim well these hedges, you need to buy secateurs otherwise you won't make it.

1358.   Cestino della spazzatura = Dustbin

Il cestino della spazzatura deve essere svuotato perchè puzza.
The dustbin must be emptied because it stinks.

1359.   Forca = Fork

La forca ci serve per tutto questo fieno da spostare.
We need the fork to move all this hay.

1360.   Ghiaia = Gravel

Voglio della ghiaia sul vialetto di ingresso.
I want some gravel in the driveway entrance.

1361.   Rastrello = Rake

Dove abbiamo messo il rastrello?
Where did we put the rake?

1362.   Serra = Greenhouse

Nella mia serra ho molti limoni.
In my greenhouse I have many lemons.

1363.   Steccato = Fence

Lo steccato deve essere completamente riverniciato.
The fence needs to be completely repainted.

1364.   Tagliaerba = Lawn-mower

Sta usando il tagliaerba da due ore.
He has been using the lawn-mower for two hours.

1365.   Vanga = Spade

La vanga è ideale per scavare questa buca.
The spade is ideal to dig this hole.

1366.   Vaso di fiori = Flowerpot

Mario ha comprato un nuovo vaso di fiori e lo ha messo in sala.
Mario bought a new flowerpot and he put it in the living room.

1367.   Vialetto = Driveway

Il vialetto porta all'entrata per la cucina.
The driveway to the kitchen entry.

1368.   Zappa = Hoe

Luigi ha una zappa nuova.
Luigi has a new hoe.

ALTRI – OTHERS

1369.   Mestieri di casa = Housework

Odio fare i mestieri di casa!
I hate doing housework!

1370.   Bollette = Bills

Ogni mese ci sono bollette da pagare.
Every month there are bills to pay.

1371.   Spese condominiali = Condo fees

Le spese condominiali devono essere pagate per evitare problemi legali.
The condo fees must be paid to avoid legal issues.

PERSONE – PEOPLE

1372.   **Architetto = Architect**

Hai bisogno di un architetto per il tuo appartamento.
You need an architect for your flat.

1373.   **Amministratore = Administrator**

Chiamerò l'amministratore per informazioni.
I will call the administrator for information.

1374.   **Casalinga = Housewife**

Mia madre è una casalinga.
My mother is a housewife.

1375.   **Muratore = Builder**

Il muratore è intervenuto nel lavoro.
The builder intervened in the work.

1376.   **Agente immobiliare = Real estate agent**

Mara ha chiamato un agente immobiliare per vendere la sua casa.
Mara called a real estate agent to sell her house.

1377.   **Interior design = Interior design**

Ho studiato 3 anni interior design.
I've studied interior design for 3 years.

1378.   **Restauratore = Restorer**

Mio padre è un restauratore.
My dad is a restorer.

VERBI USATI CON LA CASA – VERBS USED WITH THE HOUSE

1379. **Vivere = To live**

Noi viviamo a Roma.
We live in Rome.

1380. **Abitare = To live**

Vivo a Milano.
I live in Milan.

1381. **Affittare = To rent**

Affittano il loro appartamento.
They rent their flat.

PARLANDO DI SHOPPING – ABOUT SHOPPING

ABBIGLIAMENTO E ACCESSORI – CLOTHING AND ACCESSORIES

1382.   **Calzino = Sock**

Ho perso un calzino.
I've lost a sock.

1383.   **Collant = Tights**

I collant sono molto fragili.
Tights are very delicate.

1384.   **Cappello = Hat**

Mi piace il cappello verde.
I love the green hat.

1385.   **Cappotto = Coat**

Mi piace il tuo cappotto nero.
I love your black coat.

1386.   **Cravatta = Tie**

In ufficio meglio usare la cravatta.
In the office it's better to wear a tie.

1387.   **Giacca = Jacket**

La mia giacca è fatta a mano.
My jacket is handmade.

1388.   Pelliccia = Fur coat

Quella pelliccia è eccessiva.
That fur coat is excessive.

1389.   Vestaglia = Dressing gown

Mia nonna indossa sempre la vestaglia.
My grandmother always wears a dressing gown.

1390.   Camicia da notte = Nightgown

Metto sempre la camicia da notte per dormire.
I always wear a nightgown to sleep.

1391.   Gonna = Skirt

Indossi una bella gonna.
You're wearing a nice skirt.

1392.   Maglia = Shirt

Amo la maglia rossa.
I love the red shirt.

1393.   Maglietta = T-shirt

Non ho più nessuna maglietta.
I have no more t-shirt left.

1394.   Occhiali = Glasses

Indosso sempre occhiali.
I always wear glasses.

1395.   Pantaloni = Trousers

Adoro i tuoi pantaloni bianchi.
I love your white trousers.

1396.   Scarpe = Shoes

Ho solo due scarpe rimaste.
I have only two shoes left.

1397.   Scarponi = Boots

I miei scarponi da neve sono rotti.
My snow boots are broken.

1398.   Sciarpa = Scarf

Hai comprato la sciarpa invernale?
Did you buy the winter scarf?

1399.   Bretelle = Suspenders

Penso che le bretelle siano stupide.
I think suspenders are stupid.

1400.   Ombrello = Umbrella

Anche se non piove, porto sempre l'ombrello.
Even if it's not raining, I always carry an umbrella.

1401.   Guanti = Gloves

Il mio autista indossa spesso i guanti.
My driver often wears gloves.

1402.   Borsa = Bag

Voglio una borsa di Gucci.
I want a Gucci bag.

1403.   Tacchi alti = High heels

Indossi spesso tacchi alti.
You often wear high heels.

1404.   Abito da uomo = Suit

Ha comprato un abito da uomo molto elegante.
I bought a very elegant suit.

1405.   Anello = Ring

Ecco l'anello di fidanzamento.
Here's my engagement ring.

1406.   Braccialetto = Bracelet

Il bracialetto di Mara è in oro.
Mara's bracelet is made of gold.

1407.   Camicia = Shirt

La camicia di Marco è macchiata.
Marco's shirt is stained.

1408.   Camicia da donna = Blouse

Questa camicia da donna in seta costa 120 euro.
This silk woman blouse costs 120 euros.

1409.   Cardigan = Cardigan

Ci vuole un cardigan sopra questa gonna.
You need a cardigan on this skirt.

1410.   Cintura = Belt

Mi serve una cintura per i pantaloni.
I need a belt for the trousers.

1411.   Collana = Necklace

La collana di perle è sempre un classico.
The pearl necklace is always a classic.

1412. **Costume a pantaloncino = Swimming shorts**

Luigi vuole comprare un costume a pantaloncino.
Luigi wants to buy swimming shorts.

1413. **Divisa = Uniform**

Devono indossare una divisa in quel collegio: è una regola!
They must wear a uniform in that college: it's a rule!

1414. **Felpa = Sweatshirt**

Una felpa è comoda in ogni occasione.
A sweatshirt is comfortable in every occasion.

1415. **Gilet = Waistcoat**

Un gilet ti darebbe un tocco fashion in più.
A waistcoat would give you a little touch of fashion.

1416. **Giubbotto = Jacket**

Ho freddo, mi passi il giubbotto per favore?
I'm cold, can you hand me the jacket please?

1417. **Impermeabile = Raincoat**

L'impermeabile è perfetto nelle mezze stagioni.
The raincoat is perfect during half-seasons.

1418. **Infradito = Flip-flop**

Io amo indossare gli infradito.
I love wearing flip-flops.

1419. **Leggings = Leggings**

Trovo che i leggings siano molto comodi.
I think that leggings are very comfortable.

1420.   Maglione = Pullover

Ho bisogno di un maglione.
I need a pullover.

1421.   Mutande = Panties or Underpants

Devo comprare 10 paia di mutande.
I need to buy 10 pairs of panties.

1422.   Occhiali da sole = Sunglasses

I miei occhiali da sole sono rotti.
My sunglasses are broken.

1423.   Orecchini = Earrings

Gli orecchini di mia madre sono fatti d'argento.
My mom's earrings are made of silver.

1424.   Pantaloncini corti = Shorts

Luisa d'estate indossa sempre i calzoncini corti perché fa caldo e non
sopporta mettere i jeans.
During summer Luisa always wears shorts because it's hot and she
can't stand wearing jeans.

1425.   Papillon = Bow tie

Il pappilon è un accessorio molto naif.
The bow tie is a very naif accessory.

1426.   Pigiama = Pyjamas

Amo i pigiami comodi.
I love comfortable pyjamas.

1427.   Polo = Polo-shirt

La polo è perfetta per giocare a golf.
The polo-shirt is perfect to play golf.

1428.   Reggiseno = Bra

Un buon reggiseno fa un bell'effetto.
A good bra makes a great effect.

1429.   Sandali = Sandals

I sandali sono molto costosi.
Sandals are very expensive.

1430.   Scarpe con il tacco = High-heeled shoes

Non riesco ad indossare scarpe con il tacco.
I'm unable to wear high-heeled shoes.

1431.   Scarpe da ginnastica = Sneakers

Io indosso solo scarpe da ginnastica.
I only wear sneakers.

1432.   Molletta = Hairgrip

Posso prendere in prestito una molletta per capelli?
Can I borrow a hairgrip?

1433.   Elastico = Hair band

Avrei bisogno di un elastico per legarmi i capelli.
I need a hair band to tie my hair.

1434.   Stivali = Boots

Gli stivali di pelle sono in saldo al 50%.
The leather boots are on sale at 50%.

1435.   Top = Top

Il top che indossi è fantastico!
The top you're wearing is fantastic!

1436.   Tuta = Tracksuit

Una tuta è il regalo ideale.
A tracksuit is the ideal gift.

1437.   Vestito = Dress

Devo comprare un vestito per la festa.
I must buy a dress for the party.

TESSUTI E MATERIALI NELL'ABBIGLIAMENTO – FABRICS AND MATERIALS IN THE CLOTHING

1438.   Stoffa = Fabric

La stoffa è molto morbida.
The fabric is very soft.

1439.   Cotone = Cotton

Il cotone è una fibra naturale.
Cotton is a natural fiber.

1440.   Pizzo = Lace

Il pizzo veniva usato molto nel secolo scorso negli abiti delle signore nobili.
The lace was used a lot in the last century for noble ladies' clothes.

1441.   Pelle = Leather

La pella ha una lavorazione lunga.
Leather has a long working process.

1442.   Lino = Linen

Il lino è una stoffa difficile da stirare.
Linen is a difficult fabric to iron.

1443.   Nylon = Nylon

Il nylon è usato per molti prodotti.
Nylon is used for many products.

1444.   Poliestere = Polyester

Il poliestere è un materiale sintetico.
Polyester is a synthetic material.

1445.   Seta = Silk

La seta è un tessuto che ha origini antiche.
Silk is a fabric with ancient origins.

1446.   Lana = Wool

La lana vera non esiste quasi più in commercio.
The real wool is almost no longer on the market.

1447.   Bottone = Button

Mi si è staccato un bottone. Puoi aiutarmi?
A button came off. Can you help me?

1448.   Cerniera = Hinge

Questa cerniera è difettosa.
This hinge is defective.

1449.   Ago = Needle

Un ago è sufficiente.
One needle is enough.

1450.   Filo = Thread

Il filo deve essere dello stesso colore della stoffa.
The thread must be of the same color as the fabric.

1451.   Tessuto sintentico = Synthetic fabric

Questo è un buon tessuto sintetico.
This is a good synthetic fabric.

1452.   Tessuto elasticizzato = Stretch fabric

Preferisco indossare un tessuto elasticizzato.
I prefer wearing a stretch fabric.

TERMINI RIGUARDANTI LO SHOPPING – TERMS ABOUT SHOPPING

1453.   Negozio = Store

È aperto il negozio?
Is the store open?

1454.   Buono sconto = Coupon

Non ho nessun buono sconto.
I don't have any coupon.

1455.   Sconto = Discount

C'è uno sconto speciale?
Is there any special discount?

1456.   Passerella = Catwalk

Non mi ci vedo su una passerella.
I don't see myself on the catwalk.

1457.   **Vetrina = Shopping window**

Guarda come è bella la vetrina di Valentino.
Look how wonderful the Valentino's shopping window is.

1458.   **Camerino = Dressing room**

Dove sono i camerini?
Where are the dressing rooms?

1459.   **Effettuare un reso = To return**

Devo effettuare reso perché la maglietta è piccola.
I need to return the T-shirt because is small.

1460.   **Gruccia = Crutch**

Mi serve una gruccia da mettere nel mio armadio.
I need a crutch to put in my closet.

PERSONE – PEOPLE

1461.   **Stilista di moda = Fashion designer**

Gli stilisti di moda hanno esagerato quest'anno.
Fashion designers have exaggerated this year.

1462.   **Negoziante = Shopkeeper**

Franco è un negoziante da anni.
Franco has been a storekeeper for years.

1463.   **Orefice = Jeweler**

Ho comprato la collana da un orefice.
I bought the necklace by a jeweler.

1464.   Commesso = Shop assistant

Chiedi la taglia a un commesso.
Ask for the size to a shop assistant.

VERBI USATI CON L'ABBIGLIAMENTO – VERBS USED WITH CLOTHING

1465.   Vestire = To dress

Devo vestire la bambola di mia figlia.
I hae to dress my daughter's doll.

1466.   Cucire = To sew

Puoi cucirmi questo pantalone, per favore?
Can you sew these trousers for me, please?

BELLEZZA – BEAUTY

TRUCCHI – MAKE UP

1467.   **Eye liner = Eyeliner**

Preferisco l'eye liner alla matita.
I prefer eyeliner to eye pencil.

1468.   **Fondotinta = Foundation**

D'inverno il fondotinta colora e protegge la pelle dagli agenti inquinanti.
During winter the foundation colours and protects the skin from pollutants.

1469.   **Terra = Blush**

Devo ravvivare la mia abbronzatura con un po' di terra.
I must revive my tan with a bit of blush.

1470.   **Balsamo per labbra = Lip balm**

Usa un balsamo per labbra quando le hai screpolate.
Use a lip balm when your lips are cracked.

1471.   **Maschera per il viso = Face mask**

Oggi, maschera per il viso in offerta al supermercato.
Today, face mask on offer at the supermarket.

1472.   **Matita per occhi = Eye pencil**

Ho una matita per gli occhi verde.
I've a green eye pencil.

1473.   Pennello da trucco = Make-up brush

Mi regali un pennello per il trucco?
Can you gift me with a make-up brush?

1474.   Rossetto = Lipstick

Rossetto rosa, sempre!
Pink lipstick, always!

1475.   Smalto = Fingernail polish

Se devo scegliere uno smalto, preferisco quello trasparente.
If I must choose a fingernail polish, I prefer the transparent one.

1476.   Pulizia del viso = Face cleaning

Mara fa la pulizia del viso due volte all'anno.
Mara does the face cleaning twice per year.

CAPELLI – HAIR

1477.   Acconciatura = Hairstyle

Ha una acconciatura strana!
She has a strange hairstyle!

1478.   Balsamo = Conditioner

Se vuoi che i tuoi capelli siano belli, usa il balsamo dopo lo shampoo.
If you want your hair to be nice, use the conditioner after shampooing.

1479.   Bigodino = Curler

Se mi passi i bigodini mi fai un favore.
If you give me the curlers, you'll do me a favor.

1480.   Boccoli = Curls

Per questa occasione speciale mi sono fatta i boccoli.
For this special occasion I made curls.

1481.   Capelli corti = Short hair

I capelli corti sono più pratici.
Short hair is more practical.

1482.   Capelli lunghi = Long hair

Io preferisco i capelli lunghi.
I prefer long hair.

1483.   Caschetto = Bob haircut

Ha un bel caschetto biondo.
She has a nice blonde bob haircut.

1484.   Colpi di sole = Highlights

Questa estate voglio dare colore alla mia acconciatura e mi farò i colpi di sole.
This summer I want to give color to my hairstyle, and I will make highlights.

1485.   Forbice = Scissor

Mario ha una forbice tagliente.
Maria has a sharp scissor.

1486.   Gel = Gel

Hai un po' di gel per capelli?
Have you got a bit of hair gel?

1487.   Lacca = Hairspray

La lacca è utile per fissare l'acconciatura.
The hairspray is useful to fix the hairstyle.

1488.   Messa in piega = Hair set

Vado a farmi una messa in piega.
I'm going to get a hair set.

1489.   Permanente = Permanent wave

È ora che rifaccia la permanente.
It's time to redo the permanent wave.

1490.   Pettine = Comb

Il pettine mi districa i capelli dopo il balsamo. Questa è un'operazione importante da fare.
The comb detangles my hair after the conditioner. This is an important operation to do.

1491.   Asciugacapelli = Hairdryer

L'asciugacapelli è sulla mensola.
The hairdryer is on the shelf.

1492.   Piastra per capelli = Straightener

Oggi passo la piastra per capelli.
Today I use the hair straightener.

1493.   Spuma per capelli = Hair foam

Se vuoi i capelli ricci usa la spuma per capelli.
If you want curly hair use the hair foam.

1494.   Shampoo = Shampoo

Lo shampoo è nella doccia.
Shampoo is in the shower.

1495.   Spazzola = Brush

Posso prendere la tua spazzola?
Can I take your brush?

1496.   Capelli neri = Black hair

Quella ragazza ha dei bellissimi capelli neri.
That girl has beautiful black hair.

1497.   Capelli Biondi = Blonde hair

Io voglio i capelli biondi!
I want blonde hair!

1498.   Capelli castani = Brown hair

Il tuo amico con i capelli castani è carino.
Your friend with brown hair is cute.

1499.   Capelli rossi = Red hair

Conosco poche persone che hanno i capelli rossi.
I know few people with red hair.

1500.   Capelli lisci = Straight hair

Mi piaccio di più con i capelli lisci.
I like myself better with straight hair.

1501.   Capelli ricci = Curly hair

Le ragazze con i capelli ricci sono molto belle.
Girls with curly hair are very beautiful.

1502. Capelli mossi = Wavy hair

Stasera esco con i capelli mossi.
Tonight, I'm going out with wavy hair.

1503. Pelato = Bald

Il mio capo è pelato.
My boss is bald.

1504. Stempiatura = Receding hairline

Tuo padre ha una grande stempiatura.
Your dad has a big receding hairline.

BARBA – BEARD

1505. Dopo barba = After-shave

Mi piace il dopo barba che usi.
I like the after-shave that you use.

1506. Rasoio = Razor

Questo rasoio è vecchio.
This razor is old.

1507. Schiuma da barba = Shaving cream

La schiuma da barba è finita. Se vai al supermercato puoi comprarne
una nuova per favore?
The shaving cream is over. If you go to the supermarket, can you buy
one please?

IGIENE – HYGIENE

1508.   **Assorbenti = Pads**

Un pacco di assorbenti per favore.
One pack of pads, please.

1509.   **Ceretta = Depilatory wax**

Per depilarmi preferisco fare la ceretta.
To shave myself I prefer having a depilatory wax.

1510.   **Crema idratante = Moisturizing cream**

Sin da giovane la pelle ha bisogno di una crema idratante.
From a young age, the skin needs a moisturizing cream.

1511.   **Deodorante = Deodorant**

Il mio deodorante non mi crea allergie.
My deodorant doesn't cause me allergies.

1512.   **Doccia schiuma = Shower**

Il doccia schiuma è pronto.
The shower gel is ready.

1513.   **Latte detergente = Cleansing milk**

Struccati con il latte detergente.
Remove the make-up with the cleansing milk.

1514.   **Limetta = Nail file**

Mi si è rotta un'unghia. Mi presti la tua limetta per unghie che l'aggiusto in un attimo?
My fingernail got broken. Can I borrow your nail file so I can fix it right now?

1515.   Maschera idrante = Hydrant mask

Una maschera idratante al mese fa bene al mio viso.
A hydrant mask every month is good for my face.

1516.   Solvente per unghie = Nail polish remover

Mi serve il solvente per unghie.
I need the nail polish remover.

1517.   Detergente intimo = Intimate cleanser

Il detergente intimo deve essere delicato.
The intimate cleanser must be delicate.

1518.   Sapone = Soap

Lavati bene le mani con il sapone.
Wash your hands properly with soap.

PEOPLE – PERSONE

1519.   Estetista = Beautician

Oggi vado dall'estetista.
Today I'm going to the beautician.

1520.   Massaggiatore = Masseur

Vado dal massaggiatore.
I go to the masseur.

1521.   Massaggiatrice = Masseuse

Luisa ha chiamato una massaggiatrice.
Luisa called a masseuse.

1522.   Truccatore = Make-up artist

Il truccatore sa come nascondere queste occhiaie.
The make-up artist knows how to hide these dark circles.

1523.   Barbiere = Barber

Vai dal barbiere a sistemarti.
Go to the barber to fix you up.

VERBI PER BELLEZZA E IGIENE – VERBS FOR BEAUTY AND HYGIENE

1524.   Radersi = To shave

Devi raderti più spesso.
You need to shave more often.

1525.   Lavare = To wash

Maria lava i suoi pantaloni.
Maria washes her trousers.

1526.   Pettinare = To comb

Pettiniamo la bambina.
Let's comb the girl.

MEDICINA E MALATTIE – MEDICINE AND DESEASES

Assumption: Some of these terms are not often used during a common conversation, still we think they could be useful to know whenever you need to ask sanitary information.

FARMACI – DRUGS

1527. **Antibiotico = Antibiotic**

L'antibiotico sta facendo effetto.
The antibiotic is working.

1528. **Antidolorifici = Painkillers**

Non esagerare con gli antidolorifici.
Don't overdo with the painkillers.

1529. **Antinfiammatorio = Anti-inflammatory**

Mi serve un antinfiammatorio.
I need an anti-inflammatory.

1530. **Antisettico = Antiseptic**

Ci serve un antisettico.
We need an antiseptic.

1531. **Antistaminico = Antihistamine tablet**

Può prendere un antistaminico.
You can take an antihistamine tablet.

1532. **Aspirina = Aspirin**

L'aspirina è un vasodilatatore.
The aspirin is a vasodilator.

1533.   **Calmante = Sedative**

Meglio che prenda un calmante.
You'd better take a sedative.

1534.   **Capsula gel = Gel capsule**

Preferisco delle capsule gel.
I prefer some gel capsules.

1535.   **Cerotti alla nicotina = Nicotine patches**

Puoi provare i cerotti alla nicotina per smettere di fumare.
You can try nicotine patches to stop smoking.

1536.   **Cerotto = Band-aid**

Ci metterei un cerotto su quel taglio.
I'd put a band-aid on that cut.

1537.   **Collirio = Eye drops**

Maria mette il collirio tutti giorni.
Maria puts eye drops every day.

1538.   **Colluttorio = Mouthwash**

Un buon collutorio rinforza le gengive.
A good mouthwash strengthens the gums.

1539.   **Compressa = Tablet**

Dovresti prendere tre compresse al giorno.
You should take three tablets per day.

1540.   **Disinfettante = Disinfectant**

Usa un disinfettante sul taglio.
Use a disinfectant on the cut.

1541.   Farmaco con ricetta = Prescription drug

Questo è un medicinale su prescrizione; non posso venderlo senza ricetta.
This is a prescription drug; I can't sell it without a prescription.

1542.   Lassativo = Laxative

Prenda un lassativo.
Take a laxative.

1543.   Medicina = Medicine

La medicina è una scienza in continua evoluzione.
Medicine is a constantly evolving science.

1544.   Pastiglie anti-diarrea = Anti-diarrhea tablets

Le suggerisco delle pastiglie antidiarrea.
I suggest you some anti-diarrhea tablets.

1545.   Pastiglie per malessere da viaggio = Travel sickness tablets

Mia madre usa sempre pastiglie per malessere da viaggio.
My mother always uses travel sickness tablets.

1546.   Pastiglia per la tosse = Throat lozenge

Prendi una pastiglia per la tosse per la tua gola.
Take a throat lozenge for your throat.

1547.   Pastiglie per lo stomaco = Indigestion tablets

Le posso dare le pastiglie per lo stomaco.
I can give you some indigestion tablets.

1548.   Pomata = Ointment

Questa pomata è miracolosa.
This ointment is miraculous.

1549.   Sciroppo = Syrup

Questo sciroppo è amaro.
This syrup is bitter.

1550.   Sciroppo per la tosse = Cough syrup

Lo sciroppo per la tosse ti farà bene.
The cough syrup will make you feel better.

1551.   Sonniferi = Sleeping tablets

Maria usa i sonniferi quando viaggia.
Maria uses sleeping pills when she travels.

1552.   Supposte = Suppositories

Preferisco prendere il paracetamolo in supposte.
I prefer taking paracetamol in suppositories.

1553.   Kit di primo soccorso = First aid kit

Ogni ufficio deve avere il kit di primo soccorso.
Every office must have the first aid kit.

1554.   Soluzione per lenti a contatto = Contact lens solution

Prima di partire compra la soluzione per lenti a contatto.
Before leaving, buy the contact lens solution.

1555.   Tappi per le orecchie = Earplugs

Una confezione di tappi per le orecchie per favore.
A box of earplugs, please.

1556.   Insulina = Insulin

Presto! Prendete l'insulina.
Hurry up! Take insulin.

1557.   Termometro = Thermometer

Misurati la febbre con il termometro.
Measure your fever with the thermometer.

1558.   Vitamine = Vitamin pills

In primavera è utile prendere le vitamine.
During spring, it is useful to take vitamins.

1559.   Stampelle = Crutches

Luigi ha bisogno delle stampelle.
Luigi needs the crutches.

MALATTIE E DOLORI LIEVI – MILD DESEASES AND PAINS

1560.   Allergia = Allergy

Ho le mie allergie.
I have my allergies.

1561.   Brividi di freddo = Chills

Ho dei brividi di freddo. Avrò la febbre?
I have chills. Will I have a fever?

1562.   Bruciore di stomaco = Heartburn

Sono due giorni che sento bruciore di stomaco.
It's been two days I've had heartburn.

1563.   Contagioso = Contagious

Pensa sia contagioso?
Do you think it's contagious?

1564.   Debolezza = Weakness

La debolezza è uno dei sintomi influenzali.
Weakness is one of the flu symptoms.

1565.   Decongestionante nasale = Nasal decongestant

Vai a comprarmi un decongestionante nasale per questo raffreddore
per favore.
Go and buy me a nasal decongestant for this cold, please.

1566.   Distorsione = Sprain

Mi sono fatto una distorsione.
I got myself a sprain.

1567.   Dolore = Pain

Luigi ha un dolore costante alla gamba.
Luigi has a constant pain in his leg.

1568.   Effetti collaterali = Side Effects

Quali sono gli effetti collaterali di queste pillole?
What are the side effects of these pills?

1569.   Emorroidi = Hemorrhoids

Le emorroidi mi danno fastidio.
The hemorrhoids are bothering me.

1570.   Eruzioni cutanee = Rash

Ho delle eruzioni cutanee da quando ho mangiato molluschi.

I've had rashes since I ate shellfish.

1571.   Febbre = Fever

Maria ha la febbre, oggi non viene.
Maria has a fever, today she isn't coming.

1572.   Emorragia = Emorrhage

A causa dell'incidente, ha avuto una grave emorragia.
Because of the accident, she had a severe emorrhage.

1573.   Ferita = Wound

Mara ha una ferita profonda.
Mara has a deep wound.

1574.   Asma = Asthma

Hai portato l'inalatore per l'asma?
Have you brought the asthma inhaler?

1575.   Frattura = Fracture

Deve andare in ospedale: ha una frattura.
He must go to the hospital: he has a fracture.

1576.   Indigestione = Indigestion

Luigi ha fatto una indigestione e adesso sta male.
Luigi had indigestion and now he's sick.

1577.   Infezione = Infection

Spero che non sia un'infezione.
I hope it isn't an infection.

1578.   Influenza = Flu

L'influenza quest'anno è forte.
The flu this year is strong.

1579.   Mal di denti = Toothache

Il mal di denti è una brutta compagnia.
The toothache is a bad company.

1580.   Mal di gola = Sore throat

Mi è venuto mal di gola.
I've got a sore throat.

1581.   Mal di pancia = Stomachache

Non puoi immaginare il mio mal di pancia.
You can't imagine my stomachache.

1582.   Mal di schiena = Backache

Ha qualcosa per il mio mal di schiena per favore?
Have you got something for my backache, please?

1583.   Mal di testa = Headache

Non mi passa il mal di testa.
My headache won't go away.

1584.   Mal di orecchio = Earache

Ho mal d'orecchio da due giorni.
I've had earache for two days.

1585.   Malattia = Disease

Non so che malattia è.
I don't know what disease it is.

1586.   Nausea = Nausea

Maria ha la nausea.
Maria has nausea.

1587.   Prurito = Itching

Sentivo il prurito in tutto il corpo.
I felt the itching all over the body.

1588.   Raffreddore = Cold

Sara ha un forte raffreddore.
Sara has a bad cold.

1589.   Reazione allergica = Allergic reaction

Questo farmaco mi ha creato una reazione allergica.
This drug gave me an allergic reaction.

1590.   Slogatura = Dislocation

Questa è una slogatura.
This is a dislocation.

1591.   Stanchezza = Tiredness

La stanchezza può dare questi sintomi.
Tiredness can give these symptoms.

1592.   Stitichezza = Constipation

Ho stitichezza da due giorni.
I've had constipation for two days.

1593.   Taglio = Cut

Disinfetta questo taglio.
Disinfect this cut.

1594.   Vescica = Blister

Ho una vescica sul piede per colpa delle scarpe nuove.
I have a blister on my foot because of the new shoes.

1595.   Scottatura solare = Sunburn

Mario ha una scottatura solare sulla schiena.
Mario has a sunburn on his back.

1596.   Herpes labiale = Lip herpes

L'herpes labiale è fastidioso.
Lip herpes is annoying.

1597.   Puntura d'insetto = Insect bite

Questa pomata è per le punture d'insetto.
This ointment is for insect bites.

FOBIE – PHOBIAS

1598.   Agorafobia = Agoraphobia

L'agorafobia è la paura dei luoghi affollati.
Agoraphobia is the fear of crowded spaces.

1599.   Claustrofobia = Claustrophobia

La claustrofobia è la paura dei luoghi chiusi.
Claustrophobia is the fear of closed places.

1600.   Fobia Sociale = Social phobia

La fobia sociale è la paura di essere giudicati.
Social phobia is the fear of being judged.

1601.   Aracnofobia = Arachnophobia

L'aracnofobia è la paura dei ragni.
Arachnophobia is the fear of spiders.

1602.   Cleptomania= Kleptomania

Soffre di cleptomania, infatti ruba qualsiasi cosa veda.
He suffers from kleptomania, in fact he steals everything he sees.

1603.   Paura = Fear

Mio figlio ha un'irrazionale paura dei fantasmi.
My son has an irrational fear of ghosts.

1604.   Disturbo ossessivo complulsivo = Obsessive-compulsive disorder

Soffre di disturbo ossessivo compulsivo da quando è nato.
He suffers from an obsessive-compulsive disorder since he was born.

1605.   Maniaco = Maniac

Un maniaco è qualcuno affetto da manie.
A maniac is someone affected by manias.

1606.   Schizofrenia= Schizophrenia

La schizofrenia è un disturbo mentale molto grave.
Schizophrenia is a very serious mental disease.

1607.   Depressione = Depression

La depressione è una malattia comune tra gi adulti.
Depression is a common disease among adults.

1608.   Ansia = Anxiety

L'ansia può essere causa di momenti di panico.

Anxiety could cause moments of panic.

1609.   Nevrosi = Neurosis

Alcune persone soffrono di nevrosi dopo tante ore di lavoro.
Some people suffer of neurosis after many hours of work.

1610.   Dipendenza = Addiction

È morto perché aveva dipendenza dall'alcol.
He died because he had an alcohol addiction.

MALATTIE GRAVI – SERIOUS ILLNESS

1611.   Diabete = Diabetes

Il diabete è una malattia che si divide in 3 stadi.
Diabetes is a disease that is divided into 3 stages.

1612.   Infarto = Hearth attack

Il nonno ha avuto un infarto mentre andava al supermercato.
The grandfather had an hearh attack while he was going to the supermarket.

1613.   Epilessia = Epilepsy

La visione è sconsigliata a chi soffre di epilessia.
The view is not recommended for those suffering from epilepsy.

1614.   Cancro = Cancer

Quando ha scoperto di avere il cancro è impallidito.
When he found out he had cancer he became pale.

1615.   Morbo di Parkinson = Parkinson's disease

Il morbo di Parkinson causa di tremori.

Parkinson's disease causes tremblings.

1616.   Ernia = Hernia

Se hai un'ernia ti fa male la schiena.
If you have a hernia, your back hurts.

1617.   Ipotermia= Hypotermia

Rimanere per molte ore in mare può causare ipotermia.
Staying in the sea for many hours could cause hypotermia.

CURE – CARES

1618.   Terapia = Treatment

La terapia dura una settimana.
The treatment lasts one week.

1619.   Rimedi naturali = Natural remedies

Preferisco i rimedi naturali.
I prefer natural remedies.

1620.   Vaccino = Vaccine

Il vaccino è sia per adulti che per bambini.
The vaccine is both for adults and kids.

1621.   Omeopatia = Homeopathy

Può scegliere di curarsi con l'omeopatia.
You can choose homeopathy to treat yourself.

1622.   Chemioterapia = Chemotherapy

La chemioterapia è un trattamento costoso.
Chemotherapy is an expensive treatment.

1623.   Trapianto = Transplant

Per sopravvivere, ha bisogno di un trapianto di rene.
To survive, he needs a kidney transplant.

1624.   Iniezione = Injection

Devi fare un'iniezione intramuscolare.
You need an intramuscular injection.

TERMINI MEDICI – MEDICAL TERMS

1625.   Ricetta = Prescription

Mi serve la ricetta per questo farmaco.
I need a prescription for this drug.

1626.   Sintomo = Symptom

Questi sono sintomi dell'influenza.
These are flu symptoms.

1627.   Controindicazioni = Contraindications

Ci sono controindicazioni?
Are there any contraindications?

1628.   Paracetamolo = Paracetamol

Il paracetamolo è utilizzabile in gravidanza.
Paracetamol can be used during pregnancy.

1629.   Diagnosi = Diagnosis

La diasgnosi del dottore è stata orribile.
The doctor's diagnosis was horrible.

1630.   Defibrillatore = Defibrillator

Ogni edificio dovrebbe avere un defibrillatore per le emergenze.
Every building should have a defibrillator for emergencies.

1631.   Sangue = Blood

Necessita una trasfusione di sangue.
He needs a blood transfusion.

1632.   Malattia infettiva = Infectious disease

Quando si ha una malattia infettiva, il contatto con gli altri è
rischioso.
When you have an infectious disease, the contact with others is risky.

1633.   Virus = Virus

Il virus Ebola è molto pericoloso.
The Ebola virus is very dangerous.

1634.   Batteri = Bacteria

L'intestino è pieno di batteri benigni.
Intestine is full of good bacteria.

1635.   Svenimento = Fainting

Stare troppo tempo al sole può causare uno svenimento.
Laying too much time in the sun can cause fainting.

1636.   Analisi del sangue = Blood analysis

Grazie alle analisi del sangue ho scoperto una carenza di ferro.
Thanks to blood analysis I found out a lack of iron.

1637.   Cartella medica = Medical records

Il dottore stava controllando la cartella medica.

The doctor was checking the medical records.

1638.   Coma = Coma

Quel ragazzo è stato in coma per 3 anni.
That guy was in a coma for 3 years.

1639.   Convalescenza = Convalescence

Dopo una malattia, bisogna attendere un periodo di convalescenza.

After an illness, there is the need to wait for a convalescence time.

PERSONE – PEOPLE

1640.   Farmacista = Pharmacist

Il farmacista suggerisce una pomata.
The pharmacist suggests an ointment.

1641.   Podologo = Podiatrist

Andate da un podologo a far vedere quei piedi.
Go to a podiatrist to have those feet checked.

1642.   Dentista = Dentist

Un dentista guadagna molto!
A dentist earns so much!

1643.   Fisioterapista = Physiotherapist

Il fisioterapista mi ha aiutato con la spalla.
The physiotherapist helped me with the shoulder.

1644.   Medico = Doctor

Il medico è in ferie.
The doctor is on holiday.

1645. Nutrizionista = Nutritionist

Ho consultato un nutrizionista.
I consulted a nutritionist.

1646. Oculista = Oculist

Deve andare dall'oculista per il suo occhio.
You must go to the oculist for your eye.

1647. Medico di base = GP

Il medico di base mi ha fatto la ricetta.
The GP gave me the prescription.

1648. Paziente = Patient

Il paziente è in sala d'attesa.
The patient is in the waiting room.

VERBI USATI NELLA MEDICINA – VERBS USED IN MEDICINE

1649. Ammalarsi = To get sick

Luigi si ammala abbastanza spesso.
Luigi gets sick quite often.

1650. Starnutire = To sneeze

Ho il raffreddore: continuo a starnutire.
I've got a cold: I keep sneezing.

1651. Guarire = To heal

La ferita guarisce velocemente.
The wound heals fast.

BAMBINO – CHILD

1652.   **Bambino = Child**

Peter è ancora un bambino.
Peter is still a child.

1653.   **Bambini = Children**

Amo i bambini piccoli.
I love young children.

1654.   **Bimbo = Kid**

È solo un bimbo.
He's just a kid.

1655.   **Test di gravidanza = Pregnancy testing**

Penso che tu debba comprare un test di gravidanza.
I think you should buy a pregnancy test.

1656.   **Omogeneizzati = Baby foods**

Ho comprato gli omogeneizzati in farmacia.
I bought baby foods at the pharmacy.

1657.   **Pannolini usa e getta = Disposable diapers**

Ti piacciono i pannolini usa e getta?
Do you like disposable diapers?

1658.   **Biberon = Baby bottle**

Il biberon è utile per i bambini.
The baby bottle is useful for children.

1659.   Culla = Cradle

La culla della bambina non serve più.
The baby's cradle is no longer needed.

1660.   Ostetrica = Midwife

L'ostetrica mi ha suggerito di partorire in quell'ospedale.
The midwife suggested to give birth in that hospital.

MATERIALI E STRUMENTI – MATERIALS AND WORK TOOLS

MATERIALI – MATERIALS

1661.   Plastica = Plastic

Il mondo è pieno di plastica.
The world is full of plastic.

1662.   Pietra = Stone

La pietra dà sempre un effetto naturale ad un arredamento d'interno.
Stone always gives a natural effect to indoor design.

1663.   Legno = Wood

Il legno è usato per le case in montagna.
Wood is used for mountain houses.

1664.   Marmo = Marble

Il marmo italiano è fra i più pregiati.
Italian marble is among the most valuable ones.

1665.   Ottone = Brass

L'ottone serve per le maniglie.
The brass is used for handles.

1666.   Ferro = Iron

Il ferro è un conduttore.
Iron is a conductor.

1667.　　Acciaio = Steel

Se vuoi qualche cosa di resitente scegli l'acciaio: facile da gestire e duraturo.
If you want something strong, choose steel: easy to handle and durable.

1668.　　Alluminio = Aluminium

L'alluminio viene spesso usato in cucina.
Aluminium is often used in the kitchen.

1669.　　Argilla = Clay

L'argilla ha vari usi, anche in cosmesi.
Clay has different uses, even in cosmetics.

1670.　　Rame = Copper

Il rame va pulito altrimenti si ossida.
Copper must be cleaned, otherwise it will oxidize.

1671.　　Vetro = Glass

Se vuoi un effetto di trasparenza, usa il vetro per la tua porta in sala.
If you want a transparency effect, use the glass for your door in the living room.

1672.　　Cartongesso = Drywall

Quelle mura sono di cartongesso.
Those walls are made of drywall.

STRUMENTI E ALTRI OGGETTI – TOOLS AND OTHER OBJECTS

1673.   Scalpello = Chisel

Lo scultore usa lo scalpello.
The sculptor uses the chisel.

1674.   Martello = Hammer

Grazie al tuo martello sono riuscito a rompere quella porta.
Thanks to your hammer I succeeded in breaking that door.

1675.   Trapano = Drill

Il tuo trapano va attaccato alla presa.
Your drill must be plugged in.

1676.   Lima = Rasp

Ha usato una lima per evadere di prigione.
He used a rasp to escape from prison.

1677.   Pennello = Paint brush

Un buon pennello costa parecchio.
A good paint brush is expensive.

1678.   Pinze = Pliers

Mi piacciono quelle pinze: le voglio anche io.
I like those pliers: I want them too.

1679.   Righello = Ruler

Il righello è utile per studiare geometria.
A ruler is useful to study geometry.

1680.   Sega = Saw

Il falegname usa la sega.
The carpenter uses the saw.

1681.   Cacciavite = Screwdriver

Quel cacciavite è molto comodo.
That screwdriver is very handy.

1682.   Scala = Ladder

Per arrivare a quella stanza devo prendere la scala.
To get to that room I will have to take a ladder.

1683.   Metro = Tape measure

Il metro serve per misurare le lunghezze.
The tape measure is used to measure lengths.

1684.   Chiodo = Nail

Togli quel chiodo, è arrugginito.
Remove that nail, it's rusty.

1685.   Vite = Screw

Non riesco a trovare la vite.
I can't find the screw.

1686.   Mattone = Brick

La mia casa è fatta di mattoni.
My house is made of bricks.

1687.   Cemento = Cement

Le buche sono state ricoperte con il cemento.
The holes have been filled with cement.

1688. Nastro adesivo = Scotch tape

Usavo molto nastro adesivo alle elementari.
I used a lot of scotch tape in elementary school.

1689. Cassetta degli attrezzi = Toolbox

Il martello è nella cassetta degli attrezzi
The hammer is in the toolbox.

GRAMMATICA E LINGUAGGIO – GRAMMAR AND LANGUAGE

1690.   Accento = Accent

Hai un accento familiare, ma non so dire da dove provieni.
You have a familiar accent, but I can't tell where you are from.

1691.   Alfabeto = Alphabet

L'alfabeto greco è diverso dal nostro.
Greek alphabet is different from ours.

1692.   Contrario = Opposite

Qual è il contrario di "buono"? "Cattivo".
What's the opposite of "good"? "Evil".

1693.   Domanda = Question

Ho una domanda riguardo ciò.
I have a question about that.

1694.   Ortografia = Spelling

La seconda frase contiene un errore di ortografia.
The second sentence has a spelling error.

1695.   Lingua = Language

Parlo due lingue.
I speak two languages.

1696.   Parola = Word

Non conosco quella parola.
I don't know that word.

1697.   Pronuncia = Pronunciation

Hai fatto progressi nella pronuncia del Russo.
You've made great progress on your Russian pronunciation.

1698.   Scrivere parola per parola = Spelling

Come si scrive "casa"?
What's the spelling of "casa"?

1699.   Significato = Meaning

Qual è il significato di "sole"?
What's the meaning of "sole"?

1700.   Sinonimo = Synonym

"Parco" è sinonimo di "giardino".
"Park" is a synonym of "garden".

1701.   Verbo = Verb

"Mangiare" è un verbo.
"Eating" is a verb.

1702.   Sostantivo = Noun

"Casa" è un sostantivo femminile.
"Home" is a feminine noun.

1703.   Aggettivo = Adjective

"Bello" è un aggettivo.
"Beautiful" is an adjective.

1704.   Pronome = Pronoun

È anche il suo pronome preferito.
That's also his favorite pronoun.

1705. Avverbio = Adverb

"Bene" è un avverbio.
"Well" is an adverb.

1706. Punto = Full stop

Devi utilizzare un punto alla fine di ogni frase.
You must use a full stop at the end of each sentence.

1707. Virgola = Comma

Alcune volte devi separare i sostantivi con una virgola.
Sometimes you must separate nouns with a comma.

1708. Punto e virgola = Semicolon

In una lista devi usare il punto e virgola.
In a list you must use a semicolon.

1709. Punto esclamativo = Exclamation mark

C'è un punto esclamativo alla fine della frase.
There's an exclamation mark at the end of the sentence.

1710. Punto di domanda = Question mark

Non è un punto di domanda.
It's not a question mark.

1711. Titolo = Title

Qual è il titolo di questo libro?
What's the title of this book?

1712. Forma passiva = Passive form

C'è un asfissiante uso della forma passiva.
There's an asphyxiating use of the passive form.

1713.   Articolo = Article

"Il" è un articolo determinativo.
"The" is a definite article.

1714.   Frase = Sentence

La tua frase è sbagliata.
Your sentence is wrong.

1715.   Aggettivo possessivo = Possessive adjective

"Mio" è un aggettivo possessive.
"My" is a possessive adjective.

1716.   Preposizione = Preposition

La preposizione è una forma non flessibile.
Preposition is a non-inflected form.

1717.   Tempo verbal = Verb tense

Devi cambiare i tempi verbali.
You must change verbal tenses.

1718.   Presente = Present

Per descrivere le cose che stanno accadendo ora devi usare il
presente.
To describe things that are happening right now you must use present
tense.

1719.   Futuro = Future

Il futuro può essere formato in vari modi.
The future can be formed in different ways.

1720.   Passato = Past

Non è mai al passato.
It's never in the past tense.

1721.   Aggettivo dimostrativo = Demonstrative adjective

Gli aggettivi e pronomi dimostrativi "questo" e "quello"   .
Demonstrative adjectives and pronouns "this" and "that".

1722.   Congiunzioni = Conjunctions

"E" è una congiunzione.
"And" is a conjunction.

1723.   Singolare = Singular

Il singolare di "lupi" è "lupo".
The singular for "wolves" is "wolf".

1724.   Plurale = Plural

Il plurale di "foglia" è "foglie".
The plural for "leaf" is "leaves".

1725.   Verbi modali = Modals

Dovresti usare più verbi modali.
You should use more modals.

CONVERSAZIONE – CONVERSATION

SALUTI – REGARDS

1726.   **Ciao = Hello**

Ciao Marco!
Hello Marco!

1727.   **Buongiorno = Good morning**

Buongiorno Luca, sei pronto?
Good morning Luca, are you ready?

1728.   **Buonasera = Good Evening**

Buonasera Marisa! Amo il tuo vestito.
Good evening Marisa! I love your dress.

1729.   **Benvenuto = Welcome**

Benvenuto in casa mia!
Welcome to my house!

1730.   **Buonanotte = Good night**

Buonanotte mamma!
Good night Mum!

1731.   **Arrivederci = Goodbye**

Arrivederci e grazie per l'aiuto.
Goodbye and thanks for the help.

1732.   **A presto = See you soon**

Ora devo andare. A presto!
Now I have to go. See you soon!

1733.   A dopo = See you later

E lei mi ha detto "A dopo!".
And she told me "See you later!".

1734.   A domani = See you tomorrow

È una festa fantastica, ma devo andare. A domani!
It's a fantastic party, but I have to go. See you tomorrow!

DOMANDE – QUESTIONS

1735.   Quando? = When?

Quando sei libero?
When are you free?

1736.   Cosa? = What?

Cosa stai facendo?
What are you doing?

1737.   Perché? = Why?

Perché eri al parco la notte scorsa?
Why were you at the park last night?

1738.   Dove? = Where?

Dove sei?
Where are you?

1739.   Chi? = Who?

Chi sono queste persone?
Who are these people?

1740.   Quanto? = How much?

Quanto costa?
How much is it?

1741.   Come? = How?

Come possiamo arrivare in centro città?
How can we arrive to the city center?

1742.   Quale? = Which?

Quale maglietta compri?
Which T-shirt are you buying?

RISPOSTE – ANSWERS

1743.   Sì = Yes

Sì, ci vediamo dopo.
Yes, see you later.

1744.   Certo! = Of course!

Ti piace la pallavolo? Certo!
Do you like volleyball? Of course!

1745.   No = No

Ti sta simpatico il tuo capo? No.
Do you like your boss? No, I don't.

1746.   Forse = Maybe

Forse non andrò a lavorare domani.
Maybe I won't go to work tomorrow.

1747.   Perchè no! = Why not!

Ma se facessimo una festa? Perche no!
What If we threw a party? Why not?

SENTIMENTI E CARATTERE – FEELINGS AND CHARACTER

1748.   Grinta = Determination

Ha la grinta di un leone.
She has the determination of a lion.

1749.   Ammirazione = Admiration

Marco prova molta ammirazione per Paul.
Marco feels a lot of admiration for Paul.

1750.   Amore = Love

Marco si è innamorato di Marta nel 2014.
Marco fell in love with Marta in 2014.

1751.   Angoscia = Anguish

John vive in uno stato di angoscia.
John lives in a state of anguish.

1752.   Compassione = Compassion

La compassione è una nobile dote.
Compassion is a noble dowry.

1753.   Entusiasmo = Enthusiasm

Ha accolto la notizia con grande entusiasmo.
He got the news with great enthusiasm.

1754.   Fiducia = Trust

La fiducia è la base di ogni rapporto.
Trust is the base of every relationship.

1755.   Fraternità = Fraternity

La fraternità che c'è tra Marco e Roberta è ineguagliabile.
The fraternity that exists between Marco and Roberta is unparalleled.

1756.   Frustrazione = Frustration

Questo lavoro mi provoca molta frustrazione.
This job is giving me much frustration.

1757.   Gelosia = Jealousy

La gelosia è un sentimento negativo.
Jealousy is a bad feeling.

1758.   Gratificazione = Gratification

La sua felicità è la mia gratificazione.
Her joy is my gratification.

1759.   Indifferenza = Indifference

L'indifferenza è una forma di violenza.
Indiffence is a form of violence.

1760.   Indignazione = Indignation

Quella frase provocò forte indigazione.
That quote caused strong indignation.

1761.   Invidia = Envy

L'invidia è un peccato capitale.
Envy is a cardinal sin.

1762.   Malinconia = Melancholy

La malinconia è un sentimento tipico dei poeti romantici.
Melancholy is a typical feeling of romantic poets.

1763.   Odio = Hate

L'odio provoca solo cattivi effetti.
Hate has only bad effects.

1764.   Onore = Honor

Peep se n'è andato con onore.
Peep left with honor.

1765.   Perdono = Forgiveness

Dio dà sempre il suo perdono.
God always gives his forgiveness.

1766.   Rabbia = Anger

La rabbia può trasformarsi in odio.
Anger can turn into hate.

1767.   Simpatia = Simpathy

Apprezzo molto la sua simpatia.
I really appreciate his simpathy.

1768.   Vergogna = Shame

Melania arrossì per la vergogna.
Melania turned red because of shame.

1769.   Motivazione = Motivation

Martina ha una motivazione molto forte.
Martina has a very strong motivation.

1770.   Divertimento = Fun

La scuola è anche un posto di divertimento.
School is also a place for fun.

1771.   Noia = Boredom

Sto morendo di noia.
I'm dying of boredom.

1772.   Rispetto = Respect

Il rispetto per gli altri va insegnato a scuola.
Respect for others must be taught at school.

1773.   Creatività = Creativity

La scuola stimola la creatività.
School stimulates creativity.

1774.   Sincerità = Sincerity

In un rapporto deve esserci sempre sincerità.
There must always be sincerity in a relationship.

1775.   Felicità = Happiness

Un amico c'è anche quando non c'è la felicità
A friend is there even when happiness isn't.

1776.   Gentilezza = Kindness

La gentilezza è spesso confusa per debolezza.
The kindness is often taken for weakness.

1777.   Lealtà = Loyalty

In un rapporto di amicizia c'è sempre lealtà.
In a friendship there is always loyalty.

VIAGGI – TRAVEL

Assumption: Some of these terms are not often used during a common conversation, still we think they could be useful to know whenever you go on trip to Italy.

MUSEI E MONUMENTI – MUSEUMS AND MONUMENTS

1778.   Monumento Storico = Historical monument

Quello di fronte a noi è un monumento storico di grande importanza.
That in front of us is an historical monument of great importance.

1779.   Monumento = Monument

Ogni monumento ha una sua storia da raccontare.
Each monument has its story to tell.

1780.   Museo = Museum

Gli alunni faranno una gita al museo egizio.
The students will be go on a trip to the Egyptian museum.

1781.   Pinacoteca = Art gallery

La pinacoteca è un luogo dove si raccolgono quadri di artisti famosi.
The art gallery is a place where paintings of renowned artists are collected.

1782.   Statua = Statue

La statua dell'eroe è nella piazza principale della città.
The hero's statue is in the main square of the city.

TIPOLOGIA DI ALLOGGIO – TYPE OF ACCOMODATION

1783.   Affittacamere = Guest house

Ci può dare l'elenco degli affittacamere, per favore?
Can you give us the guest house list, please?

1784.   Albergo = Hotel

Il nostro albergo si trova proprio di fronte al Colosseo.
Our hotel is right in front of the Colosseum.

1785.   Pensione = Boarding house

Abbiamo trovato una pensione carina e pulita.
We've found a nice and clean boarding house.

1786.   Campeggio = Camping

Io amo il campeggio.
I love camping.

1787.   Tenda da campeggio = Camping tent

Devo comprare una tenda da campeggio per questa estate.
I have to buy a camping tent for this summer.

1788.   Camper = Camper

Mio papà ha appena comprato un nuovo camper.
My dad has just bought a new camper.

1789.   Roulotte = Caravan

Mi piacciono più le roulotte dei camper.
I like caravans more than campers.

1790.   Bungalow = Cabin

Il bungalow è molto freddo.
The cabin is very cold.

TIPI DI VIAGGIO – TYPES OF TRAVEL

1791.   In aereo = By plane

Da Milano a Londra in aereo ci si impiega un'ora e 20 circa.
From Milan to London it takes about an hour and 20 by plane.

1792.   In auto = By car

Circolare in centro in auto è difficoltoso.
Driving by car in the city centre is difficult.

1793.   In barca = By boat

Una vacanza in barca è raccomandata a chi ha un certo adattamento.
A holiday by boat is recommended for those who have adaptability.

1794.   In bicicletta = By bike

Per il centro storico meglio muoversi in bicicletta.
It's better to move by bike in the historic center.

1795.   In moto = By motorcycle

Hanno deciso di visitare Liguria in moto.
They have decided to visit Liguria by motorcycle.

1796.   In nave = By ship

Puoi raggiungere l'isola del Giglio in nave dall'Argentario.
You can reach Giglio island by ship from Argentario.

1797.   In pullman = By bus

Puoi arrivare in centro città in pullman.
You can reach the city center by bus.

1798.   In treno = By train

Ha visitato tutta l'Europa muovendosi in treno.
He visited all Europe moving by train.

PUNTI DI INTERESSE – POINTS
OF INTEREST

1799.   Agenzia viaggi = Travel agency

Andiamo in agenzia viaggi per prenotare il viaggio.
We go to the travel agency to book the trip.

1800.   Area di interesse turistico = Area of tourist interest

Alla vostra destra troverete un'area di interesse turistico.
On your right you will find an area of tourist interest.

1801.   Banco informazioni = Information desk

Stiamo cercando il banco informazioni.
We are looking for the information desk.

1802.   Ufficio del turismo = Tourism office

L'ufficio del turismo dà sempre le giuste indicazioni.
The tourism office always gives the right information.

1803.   Ufficio informazioni = Information office

Potrebbe indicarmi dove trovo l'ufficio informazioni per favore?
Can you show me where the information office is, please?

VIAGGIO IN TRENO – TRAVELLING BY TRAIN

1804.   Biglietteria = Ticket office

La biglietteria è aperta dalle 9 di mattina fino alle 17.
The ticket office is open from 9:00 a.m. to 5:00 p.m.

1805.   Biglietto = Ticket

Il costo del biglietto è di 150 euro.
The ticket price is 150 euros.

1806.   Binario = Platform

Treno in arrivo al binario 2, allontanarsi dalla linea gialla.
Train arriving at platform 2, get away from the yellow line.

1807.   Destinazione = Destination

La mia destinazione è Firenze.
My destination is Florence.

1808.   Ferie = Holidays

Paolo inizia le ferie lunedì.   .
Paolo is starting his holidays on Monday.

1809.   Fermata = Stop

La mia fermata è la prossima.
My stop is the next one.

1810.   Itinerario = Itinerary

Abbiamo un preciso itinerario da seguire.
We have an accurate itinerary to follow.

1811.   Numero del vagone = Wagon number

Il numero del mio vagone è 134.
The number of my wagon is 134.

1812.   Scompartimento = Compartment

Il mio scopartimento è il numero 103.
My compartment is number 103.

1813.   Stazione = Station

La stazione di Milano è chiusa.
The Milan station is closed.

1814.   Tessera ferroviaria = Railcard

Ho una tessera ferroviaria valida per 2 anni.
I have a railcard valid for 2 years.

1815.   Treno = Train

Il treno che ha preso Luca era in ritardo.
The train Luca took was late.

1816.   Treno di andata = Outbound train

Il treno di andata parte tra 5 minuti.
The outbound train leaves in 5 minutes.

1817.   Treno di ritorno = Return train

Il treno di ritorno partirà il 30 agosto alle 12:50.
The return train leaves on August 30th at 12:50 p.m.

1818.   Vagone = Carriage

Il vagone dov'è seduto Paolo è il 15.
The carriage where Paolo is sitting is the 15th.

1819.   Valigia = Suitcase

La valigia è pronta, è ora di partire.
The suitcase is ready, it's time to leave.

1820.   Velocità = Speed

La velocità dei treni Frecciarossa è molto alta.
The speed of the Frecciarossa trains is very high.

1821.   Viaggio = Journey

Questo è il viaggio più bello della mia vita.
This is the most beautiful journey of my life.

VIAGGIO IN AEREO – TRAVELLING BY AIRPLANE

1822.   Aereo = Plane

L'aereo Milano-Londra è una linea molto frequentata, soprattutto dagli uomini d'affari.
The Milan-London plane is a very popular line, especially among businessmen.

1823.   Aeroporto = Airport

L'aeroporto è a tre chilometri dall'hotel che abbiamo prenotato.
The airport is three kilometers away from the hotel we booked.

1824.   Aeromobile = Aircraft

L'aeromobile è un boeing.
The aircraft is a boeing.

1825.   Area ritiro bagagli = Baggage claim area

Sono in area ritiro bagagli.

I'm at the baggage claim area.

1826.   Arrivi = Arrivals

L'area arrivi è al piano superiore.
The arrivals area is upstairs.

1827.   Assicurazione viaggio = Travel insurance

Desiderate aggiungere un'assicurazione di viaggio?
Do you want to add a travel insurance?

1828.   Bagaglio = Baggage

Il bagaglio non deve pesare più di 20 chili per non pagare
una sovratassa.
The baggage mustn't weigh more than 20 kilos to avoid paying a
surcharge.

1829.   Bagaglio a mano = Hand luggage

Ho solo bagaglio a mano.
I only have a hand luggage.

1830.   Bagaglio in Stiva = Checked baggage

Abbiamo i bagagli in stiva.
We have checked baggages in the hold.

1831.   Banco del check-in = Check-in desk

Il banco del check-in è sulla destra.
The check-in desk is on the right.

1832.   Cancello = Gate

Il cancello numero 6 è aperto per il volo 747.
Gate number 6 is open for flight 747.

1833.   Cancellazione = Cancellation

Ci hanno comunicato la cancellazione dei voli.
They informed us about the cancellation of the flights.

1834.   Carta d'imbarco = Boarding card

La prego di mostrarmi la sua carta d'imbarco.
Please show me your boarding card.

1835.   Cintura di sicurezza = Seatbelt

Siete pregati di allacciare le cinture di sicurezza.
Please fasten your seat belts.

1836.   Controlli di sicurezza = Security

Sono stati effettuati numerosi controlli di sicurezza.
Numerous security checks have been carried out.

1837.   Dogana = Customs

La dogana è per i cittadini extra CEE.
Customs is for non-EEC citizens.

1838.   Esente da dazio = Duty free

Questo prodotto è esente da dazio.
This product is duty free.

1839.   Franchigia bagaglio = Baggage allowance

Se supera i venti chili, deve pagare una franchigia per il bagaglio.
If your luggage exceeds 20 kilos, you must pay a baggage allowance.

1840.   Gate d'imbarco = Boarding gate

Sto cercando il gate d'imbarco.
I'm looking for the boarding gate.

1841. Imbarco = Boarding

L'imbarco si trova in fondo a sinistra.
Boarding is at the bottom left.

1842. Linea aerea = Airline

Quale linea aerea prenderai?
Which airline will you take?

1843. Nastro trasportatore = Conveyor belt

Il nastro trasportatore è rotto.
The conveyor belt is broken.

1844. Numero di Volo = Flight number

Guarda bene il numero di volo, per favore.
Look carefully at the flight number, please.

1845. Parcheggi per brevi permanenze = Short stay parking

Bisogna informarsi sui parcheggi per brevi permanenze.
You need to inquire about the short stay parking.

1846. Parcheggi per lunghe permanenze = Long stay parking

Essendo via per tre settimane, dobbiamo cercare parcheggi per lunghe permanenze.
Being away for three weeks, we have to look for long stay parking.

1847. Partenze = Departures

L'area partenze è piena di gente in partenza per le vacanze estive.
The departures area is full of people leaving for summer holidays.

1848. **Pista d'atterraggio = Landing strip**

La pista di atterraggio è occupata, non puoi atterrare adesso.
The landing strip is busy, you can't land now.

1849. **Ritardo = Delay**

Hanno ritardi tutti gli aerei in volo sull'Europa.
All the planes flying above Europe have been delayed.

1850. **Ritiro bagagli = Baggage claim**

Dov'è il ritiro bagagli per favore?
Where is the baggage claim please?

1851. **Scalo = Stopover**

Farò scalo ad Amsterdam.
I will make a stopover in Amsterdam.

1852. **Sedile lato corridoio = Aisle seat**

Questi sono i sedili lato corridoio.
These are the aisle seats.

1853. **Sedile lato finestrino = Window seat**

Mi può dare un sedile lato finestrino per favore?
Can you give me a window seat, please?

1854. **Ufficio bagagli smarriti = Lost baggage office**

Devo andare all'ufficio bagagli smarriti perché non trovo più la mia valigia arancione.
I have to go to the lost baggage office because I can't find my orange suitcase anymore.

1855.   Uscite di emergenza = Emergency exits

Alla vostra destra e sinistra ci sono le uscite di emergenza.
On your right and left there are the emergency exits.

1856.   Volo = Flight

C'è un volo ogni ora.
There is a flight every hour.

1857.   Carrelli = Landing gears

Hanno attaccato i carrelli all'aereo.
They attached the landing gears to the plane.

1858.   Volo intercontinentale = Intercontinental flight

I voli intercontinentali sono lunghi oltre le otto ore.
Intercontinental flights are longer than eight hours.

1859.   Volo nazionale = National flight

Con un volo nazionale arrivi a Roma da Milano in un'ora circa.
With a national flight you can get to Rome from Milan in one hour.

PERSONE – PEOPLE

1860.   Bigliettaio = Ticket seller

Marco è un bigliettaio alla stazione.
Marco is a ticket seller at the station.

1861.   Controllore = Ticket inspector

Dove è il controllore?
Where is the ticket inspector?

1862.   Direttore di hotel = Hotel manager

Il direttore dell'hotel è sempre molto attento alle esigenze dei suoi clienti.
The hotel manager is always very careful to his costumers needs.

1863.   Portiere = Concierge

Il portiere dell'hotel è a sua disposizione per qualsiasi informazione.
The hotel concierge is at your disposal for any information.

1864.   Portiere Notturno = Night concierge

Se rientrate tardi, ci sarà il portiere notturno ad aprire la porta.
If you return late, there will be the night concierge to open the door.

1865.   Agente di viaggi = Travel agent

Devi andare dal mio agente di viaggi.
You must go to my travel agent.

1866.   Guida turistica = Tour guide

Abbiamo un tour con una guida turistica.
We have a tour with a tour guide.

1867.   Receptionist = Receptionist

La receptionist deve sapere l'inglese.
The receptionist must know English.

1868.   Autista di autobus = Bus driver

L'autista di autobus è un lavoro su turni.
The bus driver is a shift work.

1869.   Tassista = Taxi driver

Luigi è un tassista di notte.

Luigi is a night taxi driver.

1870.   Assistente di volo = Flight attendant

Luigi viaggia sempre: è un assistente di volo.
Luigi travels all the time: he is a flight attendant.

1871.   Facchino = Porter

Ha bisogno del facchino per i bagagli signora?
Do you need a porter for your baggage, madam?

1872.   Passeggero = Passenger

Ogni passeggero si rechi al suo posto per favore.
Each passenger reaches his place, please.

1873.   Addetto ai bagagli = Baggage handler

Avrei bisogno di parlare con un addetto ai bagagli.
I need to talk to a baggage handler.

1874.   Turista = Tourist

Michele è un turista.
Michele is a tourist.

1875.   Capitano = Captain

Il capitano vi augura un buon viaggio.
The captain wishes you a pleasant journey.

1876.   Pilota = Pilot

Mario lavora come pilota.
Mario works as a pilot.

OGGETTI UTILI E TERMINI UTILIZZATI –
USEFUL OBJECTS AND USED TERMS

1877. Audioguida = Audio-guide

Preferirei avere un'audioguida per capire meglio la mostra.
I would prefer an audio-guide to better understand the exhibition.

1878. Mappa = Map

La mappa è utile per potersi orientare al meglio.
The map is useful to ensure a better bearing.

1879. Città d'arte = Art city

Le città d'arte sono prese d'assalto dai turisti durante l'apertura serale dei musei.
Art cities are besieged by tourists during the museums evening opening.

1880. Pedonale = Pedestrian

Il centro città è pedonale.
The city centre is a pedestrian area.

1881. Tour organizzati = Organized tours

Quest'anno hanno organizzato molti tour guidati per poter scoprire quest'area interessante.
This year they organized many guided tours to discover this interesting area.

1882. Viaggio d'Affari = Business trip

Quello di Mario è un viaggio di affari, non un viaggio di piacere per cui non avrà molto tempo per visitare la città.
That of Mario is a business trip, not a pleasure one, so he won't have much time to visit the city.

1883.   **Recensione = Review**

Le recensioni di questo hotel non sono buone.
This hotel reviews are not good.

1884.   **Escursioni = Excursions**

Il programma è ricco di escursioni.
The program is rich of excursions.

VERBI USATI NEI VIAGGI – VERBS USED IN TRAVELS

1885.   **Noleggiare = To rent**

Dobbiamo noleggiare un'auto per visitare la Puglia.
We need to rent a car to visit Apulia.

1886.   **Annullare la prenotazione = Cancel the reservation**

La prego di annullare la mia prenotazione per la camera in agosto.
Please, cancel my room reservation in August.

1887.   **Decollare = To take off**

Siamo pronti a decollare, capitano.
We are ready to take off, captain.

1888.   **Atterrare = To land**

L'aereo sta atterrando sulla pista di emergenza.
The plane is landing on the emergency runway.

1889.   **Partire = To leave**

Domani partiamo per il Brasile e sarà un viaggio emozionante di tre settimane.

Tomorrow we leave for Brazil and it will be an exciting three-week journey.

1890.   Confermare la prenotazione = Confirm the reservation

La chiamo per confermare la mia prenotazione per agosto.
I'm calling you to confirm my reservation for August.

1891.   Visitare = To visit

Vorremmo visitare la Scozia quest'estate.
We would like to visit Scotland this summer.

BUSINESS – BUSINESS

Assumption: Some of these terms are not often used during a common conversation, still we think they could be useful to know whenever you need to look after your business in Italy.

LUOGHI – PLACES

1892. **Centro di formazione professionale (CFP) = Professional training center**

Devo andare al centro di formazione professionale. I have to go to the professional training center.

1893. **Fabbrica = Factory**

Marco lavora in una fabbrica.
Marco works in a factory.

1894. **Attività = Activity**

Fermate tutte le attività.
Stop all the activities.

1895. **Azienda = Company**

In che azienda lavora James?
What company does James work for?

1896. **Filiale = Branch**

Devi andare in filiale.
You must go to the branch.

1897. **Compagnia di holding = Holding company**

Quell'azienda in realtà è una compagnia di holding.

That company is actually a holding company.

1898. Istituto = Institution

Marco è andato all'istituto di riscossione debiti.
Marco went to the debt collection institution.

1899. Centro congressi = Convention center

Mi può portare al centro congressi?
Can you take me to the convention center?

1900. Ditta = Company

Merlett è una ditta molto seria.
Merlett is a very serious company.

1901. Cooperativa = Cooperative

Paolo lavora in una cooperativa.
Paolo works in a cooperative.

1902. Magazzino = Stock

Quel prodotto non è in magazzino.
That product is not in stock.

1903. Società = Society

È una società morente.
It is a dying society.

1904. Agenzia delle entrate = Revenue agency

L'agenzia delle entrate ha fatto causa a Michele.
The revenue agency sued Michele.

1905.   Ufficio = Office

La mattina Marco deve essere in ufficio.
In the morning Marco must be in the office.

1906.   Sede = Headquarter

La sede di Amazon è in America.
Amazon's headquarters is in America.

CONTRATTI E DOCUMENTI – CONTRACTS AND DOCUMENTS

1907.   Apprendistato = Apprenticeship

Paolo sta facendo un periodo di apprendistato.
Paolo is doing an apprenticeship.

1908.   Contratto = Contract

Hai già firmato un contratto?
Have you already signed a contract?

1909.   Dichiarazione dei redditi = Tax return

Hai già fatto la dichiarazione dei redditi?
Have you already filled the tax return?

1910.   Franchise = Franchise

Mark è interessato all'acquisizione di quel franchise.
Mark is interested in acquiring that franchise.

1911.   Regolamento = Regulation

C'è un regolamento da rispettare.
There is a regulation that has to be respected.

1912. Lettera di dimissioni = Resignation letter

Jeff ieri ha consegnato la lettera di dimissioni.
Jeff delivered his resignation letter yesterday.

1913. Conto economico = Income statement

Il conto economico di Marco è negativo.
Marco's income statement is negative.

1914. Stage = Stage

Questa settimana Lucas è in stage.
This week Lucas is doing a stage.

1915. Fattura = Bill

Ti hanno dato la fattura?
Did they give you the bill?

1916. Curriculum = Resume

Il curriculum è importante per avere opportunità lavorative.
The resume is important to get job opportunities.

1917. Piano d'impresa = Business plan

Hai già letto il piano d'impresa?
Have you already read the business plan?

1918. Sistema = System

È un sistema complesso.
It is a complex system.

1919. Tirocinante = Trainee

Ragazzi, vi presento il nuovo tirocinante.
Guys, I introduce present you the new trainee.

1920.   Listino = List

Il prezzo di listino di quel cellulare è di 2900 dollari.
The list price of that mobile phone is 2900 dollars.

1921.   Licenza = License

Hai acquistato la licenza di Windows 10?
Have you purchased the Windows 10 license?

1922.   Bilancio = Budget

Come va il bilancio dello stato?
How's the state budget going?

1923.   Accordo = Agreement

Avete firmato l'accordo?
Have you signed the agreement?

1924.   Organigramma = Organization chart

Domano faremo un organigramma per analizzare la situazione.
We will do an organization chart to analyze the situation.

1925.   Affare = Deal

Concludi subito questo affare.
Conclude this deal immediately.

1926.   Sottoscrizione = Subscription

Di che sottoscrizione si tratta?
What is the subscription about?

OGGETTI IN UFFICIO – OBJECTS IN THE OFFICE

1927.   Foratrice = Hole-puncher

Mi passeresti la foratrice?
Would you pass me the hole-puncher?

1928.   Buste perforate = Punched pocket folders

Quante buste perforate sono?
How many punched pocket folders are there?

1929.   Cartelletta = Folder

Cosa c'è in quella cartelletta?
What's in that folder?

1930.   Cassettiera = Chest of drawers

La pinzatrice è nella cassettiera.
The stapler is in the chest of drawers.

1931.   Contenitori = Storage boxes

Metti i documenti nei contenitori.
Put the documents in the storage boxes.

1932.   Organizzatore da scrivania = Desk organizer

Servirebbe un organizzatore da scrivania.
A desk organizer would be necessary.

1933.   Scrivania = Desk

Tutto ciò che ti serve è sulla tua scrivania.
Everything you need is on your desk.

1934.   Segnalibro = Bookmark

Dove hai messo il segnalibro?
Where did you put the marker?

1935.   Supporto per monitor = Monitor stand

Dove hai messo il supporto per il monitor?
Where did you put the monitor stand?

PERSONE – PEOPLE

1936.   Imprenditore = Entrepreneur

Mario è imprenditore.
Mario is a an entrepreneur.

1937.   Beneficiario = Beneficiary

Chi sarà il beneficiario del bonifico?
Who will be the beneficiary of the transfer?

1938.   Donna d'affari = Businesswoman

Le donne d'affari sono sempre più numerose.
The businesswomen are growing in number.

1939.   Lavoratore a tempo determinato = Fixed-term worker

Mara è un lavoratore a tempo determinato.
Mara is a fixed-term worker.

1940.   Impiegato = Office worker

L'impiegato è un lavoro sedentario.
The office worker is a sedentary work.

1941.   Capo = Boss

Il mio capo oggi è nervoso.
My boss is nervous today.

1942.   Dipendente = Employee

Luca è un dipendente statale.
Luca is a state employee.

1943.   Investitore = Investor

Oggi conosceremo l'investitore.
Today we will know the investor.

1944.   Lavoratore = worker

Marco è un lavoratore instancabile.
Marco is a tireless worker.

1945.   Libero professionista = Freelance

Andrea è un libero professionista.
Andrea is a freelancer.

1946.   Licenziato = Fired

Sei licenziato!
You're fired!

TERMINI ECONOMICI – ECONOMIC TERMS

1947.   Fondo = Fund

Hai prelevato il tuo fondo?
Have you withdrawn your fund?

1948.   Analisi = Analysis

È un'analisi molto interessante.
It's a very interesting analysis.

1949.   Asta = Auction

La sua casa è all'asta.
His house is at auction.

1950.   Beneficio = Benefit

Ti lascio il beneficio del dubbio.
I leave you the benefit of the doubt.

1951.   Bollettino = Newsletter

Hai sentito cosa dice il bollettino?
Have you heard what the newsletter says?

1952.   Budget = Budget

Che budget avete?
What budget do you have?

1953.   Cambio = Exchange rate

Quant'è il cambio euro-dollaro?
How much is the euro-dollar exchange rate?

1954.   Capacità produttiva = Production capacity

Qual è la capacità produttiva di quel macchinario?
What is the production capacity of that machinery?

1955.   Capitale = Capital

Che capitale sociale ha Facebook?
What social capital does Facebook have?

1956. Capitale netto = Net worth

Il capitale netto di quell'azienda è di 3 milioni di dollari.
The net worth of that company is 3 million dollars.

1957. Codice etico = Ethical code

Il codice etico dovrebbe essere in ognuno di noi.
The ethical code should be in each of us.

1958. Commercio = Trade

Come va il commercio in Germania?
How is the trade in Germany?

1959. Concessione = Concession

Ha ottenuto la concessione per aprire il negozio.
He's got the concession to open the shop.

1960. Controllo di gestione = Management control

Scaricheremo un software per il controllo di gestione.
We will download a management control software.

1961. Debito = Debt

A quanto ammonta il debito pubblico?
How much is the public debt?

1962. Deposito = Deposit

Ho lasciato i soldi al deposito.
I left the money at the deposit.

1963. Domanda = Demand

In questo settore la domanda coincide con l'offerta.
In this sector the demand coincides with the offer.

1964.   Economia = Economics

Stai ancora studiando economia?
Are you still studying economics?

1965.   Fisco = Tax

Trevor ha evaso il fisco.
Trevor has evaded tax.

1966.   Forza lavoro = Workforce

Quegli uomini offrono all'azienda una forza lavoro immensa.
Those men offer the company a huge workforce.

1967.   Frazionamento = Split

La ditta ha fatto un frazionamento.
The company made a split.

1968.   Fusione = Merge

Hai sentito che WhatsApp si è fusa con Instagram?
Have you heard that WhatsApp merged with Instagram?

1969.   Garanzia = Warranty

Ho 3 anni di garanzia su questa televisione.
I have a 3-year warranty on this television.

1970.   Gestionale = Management

Hai scaricato il software gestionale?
Have you downloaded the management software?

1971.   Gruppo = Group

Ieri è arrivato un gruppo di investitori.
A group of investors arrived yesterday.

1972. Guadagno = Earning

Qual è il tuo guadagno mensile?
What is your monthly earning?

1973. Immobile = Property

Quanto hai pagato quell'immobile?
How much did you pay for that property?

1974. Imposizione = Imposition

Quant'è l'imposizione?
How much is the imposition?

1975. Imposta = Tax

È stata applicata un'imposta del 22%.
A 22% tax was applied.

1976. Imposta sul reddito = Income tax

Verrà applicata un'imposta sul reddito.
An income tax will be applied.

1977. Incarico = Task

Che incarico ti è stato assegnato?
What task was assigned to you?

1978. Indice = Index

Hai letto l'indice di risparmio?
Have you read the savings index?

1979. Innovazione = Innovation

Negli ultimi anni ci sono state molte innovazioni.
In recent years there have been many innovations.

1980.   Interesse = Interest rate

Qual è il tasso di interesse?
What is the interest rate?

1981.   Investimento = Investment

Com'è andato quell'investimento?
How did that investment go?

1982.   Lancio = Launch

Il prezzo al lancio di quel tablet è di 1099 dollari.
The price at the launch of that tablet is 1099 dollars.

1983.   Lavoro = Job

Che lavoro fa Marco?
What job does Marco do?

1984.   Leasing = Leasing

Marco ha comprato una macchina in leasing.
Marco bought a car with leasing.

1985.   Limite = Limit

Quanto è il limite di incasso giornaliero?
How much is the daily collection limit?

1986.   Lotto = Batch

Abbiamo acquistato un lotto di frutta.
We bought a batch of fruit.

1987.   Macchinario = Machinery

Il macchinario si è rotto.
The machinery broke.

1988.   Margine = Margin

Il margine di guadagno è molto alto.
The profit margin is very high.

1989.   Materia prima = Raw material

La materia prima è quasi finita.
The raw material is almost finished.

1990.   Mutuo = Mortgage

Dobbiamo fare un mutuo per comprare quella casa.
We need to get a mortgage to buy that house.

1991.   Nicchia = Niche

Si tratta di un settore di nicchia.
It is a niche sector.

1992.   Obbligazione = Obligation

C'è un'obbligazione nel contratto.
There is an obligation in the contract.

1993.   Offerta = Offer

In questo settore la domanda coincide con l'offerta.
In this sector, the demand coincides with the offer.

1994.   Operazione = Operation

Che operazione avete fatto ieri?
What operation did you do yesterday?

1995.   Pagamento = Payment

Il pagamento è avvenuto con successo.
The payment was successful.

1996. Partecipazione = Participation

Hai sentito della sua partecipazione?
Have you heard about his participation?

1997. Perdita = Loss

Questo mese siamo in perdita.
This month we are in loss.

1998. Presentazione = Presentation

Paolo sta facendo una presentazione.
Paolo is giving a presentation.

1999. Prestito = Loan

Ieri ho chiesto un prestito.
I asked for a loan yesterday.

2000. Produttività = Productivity

La produttività è alla base di un'azienda di successo.
Productivity is the foundation of a successful company.

2001. Quota = Share

Ho una quota di quell'azienda.
I have a share of that company.

2002. Quotazione = Quote

Ho appena fatto una quotazione.
I just made a quote.

2003. Rapporto = Ratio

Il rapporto qualità prezzo è ottimo.
The quality/price ratio is excellent.

2004.   Reddito = Income

Marco percepisce il reddito di cittadinanza.
Marco receives the citizenship income.

2005.   Rendimento = Performance

Il rendimento di questo mese è ottimo.
This month's performance is excellent.

2006.   Retrocessione = Demotion

Qualsiasi retrocessione sarà una sconfitta.
Any demotion will be a failure.

2007.   Rialzo = Upward

Il prezzo di quell'azione è al rialzo.
The price of that stock is upward.

2008.   Ricavo = Earning

Qual è il ricavo di oggi?
What is today earning?

2009.   Rischio = Risk

È un'operazione ad alto rischio.
It's a high-risk operation.

2010.   Risparmio = Saving

Ha usato tutti i suoi risparmi per comprare una barca.
He used all his savings to buy a boat.

2011.   Riunione = Meeting

Non disturbare Lucia, è in riunione.
Do not disturb Lucia, she is in a meeting.

2012.   **Salario = Salary**

Che salario percepisce mensilmente Luca?
What salary does Luke receive monthly?

2013.   **Scadenza = Deadline**

La scadenza è vicina.
The deadline is near.

2014.   **Sciopero = Strike**

Lunedì c'è uno sciopero.
There is a strike on Monday.

2015.   **Settore = Sector**

Marta è esperta del settore.
Marta is an expert in the sector.

2016.   **Sindacato = Union**

Paolo ha fatto ricorso al sindacato.
Paolo made use of the union.

2017.   **Spesa = Expense**

Le spese sono maggiori delle entrate.
Expenses are greater than revenue.

2018.   **Stipendio = Salary**

Donald percepisce uno stipendio molto alto.
Donald receives a very high salary.

2019.   **Strumento = Tool**

Che strumento hai utilizzato?
What tool did you use?

2020. Successo = Success

Samuel e Tommaso sono due uomini di successo.
Samuel and Tommaso are two successful men.

2021. Tasse = Taxes

In Italia si pagano molte tasse.
Many taxes are paid in Italy.

2022. Tasso = Rate

Qual è il tasso di interesse?
What is the interest rate?

2023. Termine = Term

Quand'è il termine?
When is the term?

2024. Settore terziario = Tertiary sector

Il settore terziario della Sardegna è in forte crescita.
The tertiary sector of Sardinia is in strong growth.

TECNOLOGIA E COMUNICAZIONE – TECHNOLOGY AND COMMUNICATION

TECNOLOGIA – TECHNOLOGY

2025.   Computer = Computer

Oggi chiunque possiede un computer.
Today everyone has a computer.

2026.   Schermo = Display

Le informazioni che cerchi vengono mostrate sullo schermo.
The information you are looking for is shown on the display.

2027.   Telecomando = Remote control

Accendo la TV con il telecomando.
I turn on the TV with the remote control.

2028.   Programma = Program

Ormai esiste un programma per qualsiasi cosa.
Now there is a program for everything.

2029.   Mouse = Mouse

Ho comprato un nuovo mouse.
I bought a new mouse.

2030.   Audiolibro = Audiobook

Sto leggendo un audiolibro.
I'm reading an audiobook.

2031.   Router = Router

Devo cambiare router perchè si è rotto.
I have to change router because it's broken.

2032.   Barra degli strumenti = Toolbar

La barra degli strumenti è molto utile.
The toolbar is very useful.

2033.   Stereo = Stereo

Mio fratello ha comprato un impianto stereo.
My brother bought a stereo system.

2034.   Processore = Processor

Il processore è il cervello di un computer.
The processor is the brain of a computer.

2035.   Tastiera = Keyboard

Puoi scrivere dei messaggi usando la tastiera.
You can write messages using the keyboard.

2036.   Cavo = Cable

Puoi connettere il mouse al computer usando il cavo.
You can connect the mouse to the computer using the cable.

2037.   Disco Rigido = Hard disk

Le informazioni all'interno di un computer vengono salvate nel disco rigido.
The information inside a computer is saved on the hard disk.

2038.   Spina = Plug

La spina vicino al televisore è libera.
The plug near the TV is free.

2039.   Chiavetta Usb = Usb stick

Con una chiavetta USB puoi portare le tue foto sempre con te.
With a USB stick you can take your photos with you.

2040.   Stampante = Printer

Domani dovrai usare la stampante per stampare i tuoi lavori.
Tomorrow you will have to use the printer to print your work.

2041.   Monitor = Monitor

Mio padre ha comprato un monitor 4k per lavorare meglio.
My father bought a 4k monitor to work better.

2042.   Caricabatterie = Charger

Se perdi il caricabatterie, non potrai più caricare il tuo telefono.
If you lose the charger, you will no longer be able to charge your phone.

2043.   Alimentatore = Power supply

Collega il cavo dell'alimentatore alla corrente.
Connect the power supply cable to the current.

2044.   Cuffie = Headphones

Puoi ascoltare la musica usando le cuffie.
You can listen to music using headphones.

2045.   Auricolari = Earphones

Chiama tua mamma usando gli auricolari.
Call your mom using earphones.

2046.   Cassa Bluetooth = Bluetooth speaker

Abbassa il volume della cassa bluetooth.

Lower the volume of the bluetooth speaker.

2047.   Caricabatterie = Battery charger

Mi presti il caricabatterie?
Can you lend me the battery charger?

2048.   Amplificatore = Amplifier

Per suonare la chitarra elettrica devi collegare un amplificatore.
To play the electric guitar, you need to connect an amplifier.

2049.   Scheda Audio = Sound card

Per usare le casse devi collegarle alla scheda audio.
To use the speakers, you must connect it to the sound card.

2050.   Microfono = Microphone

Per registrare le tue canzoni, avrai bisogno di un microfono costoso.
To record your songs, you will need an expensive microphone.

2051.   Tecnologia = Technology

La tecnologia sta prendendo il sopravvento.
Technology is taking over.

2052.   Sito web = Website

Il web developer disegna e sviluppa siti web.
The web developer designs and develops websites.

2053.   Applicazione = Application

Puoi scaricare applicazioni sul tuo smartphone.
You can download applications on your smartphone.

2054.   Applicazione web = Web application

Per ascoltare spotify dal tuo computer devi accedere all' applicazione web.
To listen to spotify from your computer you need to access the web application.

2055.   Connessione = Connection

La connessione wireless è più comoda di quella cablata.
The wireless connection is more comfortable than the wired one.

2056.   ADSL = ADSL

La connessione ADSL è più lenta di quella in fibra.
The ADSL connection is slower than the fiber connection.

2057.   Fibra = Fiber

La connessione con la fibra è più veloce di quella ADSL.
The fiber connection is faster than the adsl.

2058.   Sensore = Sensor

In uno smartphone ci sono dozzine di sensori.
In a smartphone there are dozens of sensors.

2059.   Impronta digitale = Fingerprint

Puoi sbloccare lo smartphone con la tua impronta digitale.
You can unlock the smartphone with your fingerprint.

2060.   GPS = GPS

Il GPS permette di localizzare il tuo smartphone nel caso lo perdessi.
GPS allows you to locate your smartphone if you lose it.

2061.   Scannerizzatore = Scanner

Con lo scanner puoi digitalizzare documenti cartacei.

With the scanner you can digitize paper documents.

2062.   Riconoscimento facciale = Facial recognition

Puoi sbloccare il tuo telefono con il riconoscimento facciale.
You can unlock your phone with facial recognition.

2063.   Accessorio = Accessory

Ci sono centinaia di accessori per i cellulari.
There are hundreds of cell phone accessories.

2064.   Custodia = Cover

Compra una custodia per il tuo cellulare.
Buy a cover for your phone.

2065.   Batteria = Battery

La batteria si sta scaricando.
The battery is getting low.

2066.   Batteria esterna = Power bank

Puoi ricaricare il tuo cellulare con una batteria esterna.
You can recharge your phone with a power bank.

2067.   Ripetitore = Repeater

Puoi estendere il segnale con un ripetitore.
You can extend the signal with a repeater.

2068.   Rete locale = Local network

Puoi comunicare con qualsiasi dispositivo nella rete locale.
You can communicate with any device in the local network.

2069.   Indirizzo IP locale = Local IP address

L'indirizzo IP locale ti identifica nella rete locale a cui sei connesso.
The local IP address identifies you in the local network you are connected to.

2070.   Indirizzo IP pubblico = Public IP address

L'indirizzo IP pubblico ti identifica in internet.
The public IP address identifies you on the internet.

2071.   Linguaggio di programmazione = Programming language

Ci sono dozzine di linguaggi di programmazione.
There are dozens of programming languages.

2072.   Videogioco = Videogame

Mio figlio è molto bravo nei videogiochi.
My son is very good at videogames.

2073.   Visore = Viewer

Ultimamente sono stati messi in commercio dei visori a realtà aumentata.
Recently, augmented reality viewers have been put on the market.

2074.   Realtà aumentata = Augmented reality

La realtà aumentata è una delle ultime tecnologie.
Augmented reality is one of the latest technologies.

2075.   Memoria centrale = Central memory (RAM)

La memoria centrale è una componente fondamentale in un computer.
Central memory is a fundamental component in a computer.

2076.   Memoria di massa = Mass memory

Un hard disk rappresenta la memoria di massa.
A hard disk represents the mass memory.

2077.   Smartwatch = Smartwatch

Con uno smartwatch puoi rispondere ai messaggi.
With a smartwatch you can reply to messages.

2078.   Ricarica magnetica = Magnetic charging

L'Apple watch ha la ricarica magnetica.
Apple watch has magnetic charging.

2079.   Ricarica senza fili = Wireless charging

Gli smartphone di ultima generazione hanno la ricarica senza fili.
The latest generation smartphones have wireless charging.

2080.   Pellicola = Protective film

Proteggi il tuo schermo con una pellicola protettiva.
Protect your screen with a protective film.

2081.   Antenna = Antenna

Le vecchie radio avevano lunghe antenne.
The old radios had long antennas.

2082.   Pulsante = Button

Per disattivare l'audio premi il pulsante apposito.
To deactivate the audio, press the appropriate button.

2083.   Interruttore = Switch

Per accendere la lampada premi l'interruttore.
To turn on the lamp, press the switch.

2084.   Digitale = Digital

La fotografia digitale ha rimpiazzato quella analogica.
Digital photography has replaced analogical photography.

2085.   Chiave di accesso = Password

Puoi accedere al tuo account mettendo la tua chiave di accesso.
You can login to your account by entering the password.

2086.   Assistente vocale = Vocal assistant

Alexa è l'assistente vocale di Amazon.
Alexa is the voice assistant of Amazon.

2087.   Riconoscimento vocale = Voice recognition

Puoi sbloccare il tuo smartphone con il riconoscimento vocale.
You can unlock your smartphone with voice recognition.

2088.   Disco = Disc

I dischi compatti stanno diventando obsoleti.
Compact discs are becoming obsolete.

2089.   Cellulare = Smartphone

Ieri ho scattato una fotografia con il mio cellulare.
Yesterday I took a photography with my smartphone

VERBI USATI NELLA TECNOLOGIA – VERBS USED IN TECHNOLOGY

2090.   Sbloccare = Unlock

Per usare la cassaforte, devi sbloccarla.
To use the safe, you must unlock it.

2091.   Accendere = Turn on

Accendi il computer, devo lavorare.
Turn on the computer, I have to work.

2092.   Spegnere = Turn off

Spegni la console, è tardi.
Turn off the console, it's late.

COMUNICAZIONE - COMMUNICATION

2093.   Comunicazione = Communication

La comunicazione è importante nelle relazioni.
Communication is important in relationships.

2094.   Videochiamata = Video call

Puoi fare una videochiamata a tua mamma in America con Skype.
You can make a video call to your mom in America with Skype.

2095.   Chiamata vocale = Voice call

Puoi effettuare chiamate vocali con Whatsapp.
You can make voice calls with Whatsapp.

2096.   Fax = Fax

Il fax è un dispositivo che veniva usato per inviare documenti.
The fax is a device that was used to send documents.

2097.   Telefono fisso = Landline phone

Il telefono fisso è quello che viene collegato alla linea telefonica di casa.
The landline phone is the one that is connected to the home phone line.

2098.   Inviare messaggi = Send messages

Invia un messaggio a David.
Send a message to David.

AVVERBI – ADVERBS

2099.   Accidentalmente = Accidentally

Stai attento! Potrebbe rompersi accidentalmente.
Be careful! It could accidentally break.

2100.   Rabbiosamente = Angrily

Si è picchiato rabbiosamente con lui.
He fought angrily with him.

2101.   Ansiosamente = Anxiously

I genitori aspettavano ansiosamente che il chirurgo finisse di operare la loro figlia.
The parents anxiously waited for the surgeon to finish the operation on their daughter.

2102.   Goffamente = Clumsily

Inciampò goffamente nello scalino.
He stumbled clumsily upon the step.

2103.   Malamente = Badly

Mi dispiace che ti abbia lasciata così malamente.
I'm afraid he left you so badly.

2104.   Ciecamente = Blindly

Accettano ciecamente tutto quello che gli dice il prete.
They blindly accept everything the priest tells them.

2105.   Coraggiosamente = Bravely

Il pompiere si precipitò coraggiosamente nella casa in fiamme.
The firefighter bravely dashed into the burning house.

2106.   In maniera tranquilla = Calmly

Gli ho risposto in maniera tranquilla, sperando che smettesse di gridare.
I answered him calmly, hoping that he'd stop yelling.

2107.   Attentamente = Carefully

I bambini hanno guardato attentamente prima di attraversare la strada.
The children looked carefully before crossing the street.

2108.   Cautamente = Cautiously

Kevin guadò il fiume con cautela.
Kevin cautiously waded into the river.

2109.   Allegramente = Cheerfully

Peter canticchiava allegramente mentre usciva dall'ufficio.
Peter hummed cheerfully to himself as he left his office.

2110.   Chiaramente = Clearly

Con la nebbia fitta, non si può vedere chiaramente la strada.
In heavy fog, you can't see the road clearly.

2111.   Da vicino / strettamente = Closely

I due hanno ballato stettamente tutta la notte.
The two danced closely all night.

2112.   Correttamente = Correctly

Non avete inserito i dati correttamente.
You haven't entered the data correctly.

2113.   Crudelmente = Cruelly

Il re ordinò crudelmente l'esecuzione di tutti i prigionieri.
The king cruelly ordered the execution of all the prisoners.

2114.   Audacemente = Daringly

Mia madre affrontò il cancro audacemente e con gran senso dell'umorismo.
My mother faced her cancer daringly and with great humour.

2115.   Deliberatamente = Deliberately

Hai parcheggiato deliberatamente in modo che io non potessi uscire!
You deliberately parked so that I couldn't get out!

2116.   Dubbiosamente = Doubtfully

"Non so se è possibile", disse Tim dubbiosamente.
"I'm not sure it's possible," Tim said doubtfully.

2117.   Facilmente = Easily

John ha scavalcato il cancello facilmente.
John jumped over the gate easily.

2118.   Elegantemente = Elegantly

Le ballerine saltavano elegantemente lungo il palco.
The ballerinas leapt elegantly across the stage.

2119.   Enormemente = Enormously

Il prezzo delle camere d'albergo aumenta enormemente nei fine settimana.
The price of hotel rooms increases enormously during the weekends.

2120.   Ugualmente = Equally

Tutti dovrebbero essere trattati ugualmente.
Everybody should be treated equally.

2121.   Esattamente = Exactly

Lo studente ha seguito le istruzioni dell'insegnante esattamente e ha risposto bene a tutte le domande.
The student followed the teacher's instructions exactly and got all the answers right.

2122.   Fedelmente = Faithfully

Lo studente ha fedelmente recitato a memoria la poesia.
The student faithfully recited the poem from memory.

2123.   Velocemente = Fastly

La volpe stava correndo velocemente.
The fox was running fastly.

2124.   Fatalmente = Fatally

Il camion si scontrò fatalmente contro il guard rail e cadde dalla collina.
The truck fatally crashed through the guard rail and fell down the cliff.

2125.   Ferocemente = Fiercely

I cani combatterono selvaggiamente fino a quando i proprietari riuscirono a separarli.
The dogs fought fiercely till their owners managed to separate them.

2126.   Affettuosamente = Fondly

Lisa battè affettuosamente sulla testa del suo cane.
Lisa patted her dog's head fondly.

2127.   Follemente = Foolishly

Marnie pensava follemente che suo fratello avrebbe risolto tutti i problemi.
Marnie foolishly thought that her brother would solve all the problems.

2128.   Fortunatamente = Fortunately

Karen è arrivata tardi alla fermata, ma fortunatamente anche l'autobus era in ritardo.
Karen was late to the bus stop, but fortunately the bus was late as well.

2129.   Francamente = Frankly

Abbiamo parlato francamente delle mie possibilità di ottenere il lavoro.
We talked frankly about my chances of getting the job.

2130.   Freneticamente = Frantically

Mentre l'uomo si avvicinava, lei cercava freneticamente le chiavi.
As the man was approaching, she was frantically searching for her keys.

2131.   Generosamente = Generously

Il milionario donò generosamente 500,000 dollari all'ente di beneficenza locale.
The millionaire generously donated $500,000 to a local charity.

2132.   Delicatamente = Gently

Kate sorreggeva il bimbo delicatamente.
Kate held the baby gently.

2133.   Volentieri = Gladly

Ti darò volentieri un passaggio alla stazione.
I'll gladly give you a lift to the station.

2134.   Avidamente = Greedily

Lo scoiattolo si ingozzò avidamente dei pezzi di cereale.
The chipmunk greedily gobbled the pieces of cereal.

2135.   Felicemente = Happily

Il piccolo Tony sorrideva felicemente mangiandosi il gelato.
Little Tony smiled happily as he ate his ice cream.

2136.   Duramente = Hardly

La sua morte li ha colpiti duramente.
His death hit them hardly.

2137.   Frettolosamente = Hastily

Dan parlò frettolosamente offendendo sua suocera.
Dan spoke hastily offending his mother-in-law.

2138.   Onestamente = Honestly

Puoi affermare onestamente di aver scritto questo da solo?
Can you honestly say that you wrote this by yourself?

2139.   Inadeguatamente = Inadequately

Stai lavorando inadeguatamente; due mesi in questo posto e nessun risultato!
You have performed inadequately; two months on the job and no results!

2140.   Ingegnosamente = Ingeniously

Il truffatore diresse ingegnosamente un'operazione che gli fece guadagnare due milioni di dollari.
The con man ingeniously maneuvered an operation that made him gain two million dollars.

2141.   Innocentemente = Innocently

Robert si offrì innocentemente di aiutare Tanya, ma lei pensò che avesse secondi fini.
Robert innocently offered to help Tanya, but her thought he had ulterior motives.

2142.   Gioiosamente = Joyously

Festeggiò gioiosamente.
He celebrated joyuosly.

2143.   Giustamente = Justly

La cameriera riceveva giustamente delle mance per il suo duro lavoro.
The waitress justly received tips for her hard work.

2144.   Gentilmente = Kindly

La donna ha generosamente dato dei soldi al senzatetto.
The woman kindly gave the homeless man some money.

2145.   Liberamente = Loosely

Tom ha interpretato liberamente le istruzioni.
Tom loosely interpreted the directions.

2146.   Forte = Loudly

Ma devi ascoltare questa musica tremenda così forte?
Do you need to listen to that awful music so loudly?

2147. Follemente = Madly

Urlava follemente e ha iniziato ad agitare i pugni.
He screamed madly and began shaking his fists.

2148. Mortalmente = Mortally

L' esploratore è stato mortalmente morso da un serpente.
The explorer was mortally bitten by a snake.

2149. Misteriosamente = Mysteriously

Il lago si è misteriosamente alzato di 13 cm in un giorno.
The lake mysteriously rose by five inches in one day.

2150. Ordinatamente = Neatly

I libri sono messi ordinatamente sullo scaffale in ordine alfabetico.
The books are shelved neatly on the bookshelf in alphabetical order.

2151. Nervosamente = Nervously

Bonnie si mangiava nervosamente le unghie mentre guardava il film horror.
Bonnie nervously bit her nails as she watched the horror film.

2152. Rumorosamente = Noisily

Il bambino pianse rumorosamente per tutta la notte.
The child cried noisily the whole night.

2153. Ubbidientemente = Obediently

Il bambino si comportò ubbidientemente.
The child behaved obediently.

2154. Apertamente = Openly

Nessuno dei candidati ha risposto alle domande apertamente.
None of the candidates answered the questions openly.

2155. Dolorosamente = Painfully

Holly ha sbattuto il dito del piede dolorosamente sul pavimento irregolare.
Holly painfully stubbed her toe on the uneven pavement.

2156. Pazientemente = Patiently

Ha ascoltato pazientemente le sue lamentele e poi ha risposto.
She listened patiently to their complaints and then addressed them.

2157. Perfettamente = Perfectly

Ha risposto perfettamente a ogni domanda.
He answered every question perfectly.

2158. Educatamente = Politely

Hanno risposto educatamente a tutte le mie richieste.
They replied politely to all my inquiries.

2159. Poveramente = Poorly

Vissero poveramente per anni.
They lived poorly for years.

2160. Con forza = Powerfully

Il generale dell'esercito comandava le sue truppe con forza.
The army general powerfully commanded his troops.

2161. Prontamente = Promptly

Quando Amanda ha visto il cane sulla strada, ha reagito prontamente ed è riuscita a schivarlo.
When Amanda saw the dog in the road, she reacted promptly and managed to swerve around it.

2162.   Puntualmente = Punctually

Per favore, sii puntuale così possiamo iniziare la riunione in orario.
Please arrive punctually so we can begin the meeting on time.

2163.   Velocemente = Quickly

Il governo si è mosso velocemente per salvare le vittime dell'allagamento.
The government moved quickly to rescue the flood victims.

2164.   Silenziosamente = Quietly

I bambini leggevano silenziosamente nelle loro camere.
The children were reading quietly in their rooms.

2165.   Rapidamente = Rapidly

La sostanza si decompone rapidamente e non causa inquinamento.
The substance breaks up rapidly and causes no pollution.

2166.   Raramente = Rarely

Matthew vive all'estero quindi vede raramente la sua famiglia.
Matthew lives abroad so he rarely sees his family.

2167.   Veramente = Really

Il regalo la sorprenderà veramente.
The present will really surprise her.

2168.   Regolarmente = Regularly

Martin fa visita regolarmente a sua madre.
Martin regularly visits his mother.

2169.   Ripetutamente = Repeatedly

Ti ho chiesto ripetutamente di avvisarmi quando vieni a trovarmi.

I've repeatedly asked you to warn me when you're coming to visit me.

2170.   Giustamente = Rightly

Giustamente è stato punito.
He was rightly punished.

2171.   Bruscamente = Roughly

Edward parlava e mangiava bruscamente e Sarah pensava che fosse totalmente incolto.
Edward spoke and ate roughly, and Sarah thought him thoroughly uncultured.

2172.   Rudemente = Rudely

Daniel sgarbatamente mi passò davanti senza salutarmi.
Daniel rudely passed me without saying hello.

2173.   Tristemente = Sadly

Marion sorrise tristemente.
Marion smiled sadly.

2174.   Profondamente = Deeply

Dovremo scavare profondamente se vogliamo trovare dell'acqua.
We need to dig deeply if we want to find some water.

2175.   Lentamente = Slowly

Camminava lentamente, sentendosi rilassato.
He walked slowly, feeling relaxed.

ARTE – ART

TIPI DI ARTE – TYPES OF ART

2176. Scultura in legno = Wood carving / wood sculpture

Ti piacciono le sculture in legno?
Do you like wood sculptures?

2177. Ceramica = Pottery

Perché non vi dedicate all'arte della ceramica?
Why don't you turn to pottery?

2178. Vetro soffiato = Blown glass

Dove possiamo vedere il famoso vetro soffiato?
Where can we see the famous blown glass?

2179. Arazzo = Tapestry

Qui potete ammirare gli "arazzi di Raffaello".
Here you can admire "Raffaello's tapestries".

2180. Affresco = Fresco

L'affresco più famoso di Raffaello è "La scuola di Atene".
Raffaello's most famous fresco is "La scuola di Atene".

2181. Arti visive = Visual art

Ha studiato arti visive all'università.
He studied visual art at university.

2182. Architettura = Architecture

Questa chiesa è un magnifico esempio di architettura gotica.
This church is a magnificent example of Gothic architecture.

PERSONE – PEOPLE

2183.　　Tatuatore = Tattooist

Andiamo dal tatuatore per il tuo compleanno.
We'll go to the tattooist for your birthday.

2184.　　Truccatore = Make-up artist

Il truccatore sa come nascondere queste occhiaie.
The make-up artist knows how to hide these dark circles.

2185.　　Pittore = Painter

Il pittore dipinge la sua opera.
The painter paints his work.

2186.　　Scultore = Sculptor

Lo scultore usa il martello.
The sculptore uses the hammer.

2187.　　Artista = Artist

L'artista usa la sua creatività.
The artist uses his creativity.

ARMI - WEAPONS

2188.   Mitragliatrice = Machine Gun

Nella Seconda guerra mondiale, i soldati usavano le mitragliatrici.
During World War 2, soldiers used machine guns.

2189.   Pistola = Gun

Quel poliziotto ha una pistola.
That policeman has a gun.

2190.   Spada = Sword

Il cavaliere prese la sua spada.
The knight grabbed his sword.

2191.   Arco = Bow

Gli uomini erano soliti cacciare con archi e frecce.
Men used to hunt with bows and arrows.

2192.   Frecce = Arrows

Ho finito le frecce.
I've run out of arrows.

2193.   Fucile = Rifle

Non dovrebbe essere legale vendere un fucile in un negozio.
It shoudn't be legal to sell a rifle in a store.

EVENTI IMPORTANTI - IMPORTANT EVENTS

2194.   Prima Guerra Mondiale = World War One

La Prima Guerra Mondiale è iniziata nel 1914.
World War One began in 1914.

2195.   Olocausto = Holocaust

L'Olocausto è un capitolo triste della storia moderna.
The Holocaust is a sad chapter of modern history.

2196.   Sbarco sulla Luna = Moon Landing

Lo sbarco sulla luna avvenne il 20 Luglio 1969.
The Moon Landing happened on the 20th of July 1969.

2197.   Bomba Atomica = Atomic Bomb

La bomba atomica distrusse Hiroshima.
The atomic bomb destroyed Hiroshima.

2198.   Rivoluzione Francese = French Revolution

La Rivoluzione Francese si concluse con la decapitazione del re.
The French Revolution ended with the king's beheading.

2199.   Attacco alle Torri Gemelle = Attack on the Twin Towers

L'attacco alle Torri Gemelle fu uno shock per tutti.
The attack on the Twin Towers was a shock for everyone.

2200.   Rivoluzione Industriale = Industrial Revolution

La rivoluzione industriale fu un'era di grandi sviluppi tecnologici.
The industrial revolution was an era of wide technological improvement.

2201.   Dichiarazione di Indipendenza = Declaration of Independence

I padre fondatori firmarono la Dichiarazione di Indipendenza.
The founding fathers signed the Declaration of Indipendence.

2202.   Rivoluzione Russa = Russian Revolution

La Rivoluzione Russa iniziò nel 1917.
The Russian Revolution started in 1917.

2203.   Crollo del muro di Berlino = Fall of the Berlin Wall

La Guerra Fedda finì con il crollo del muro di Berlino.
The Cold War ended with the fall of the Berlin wall.

2204.   Scoperta dell'America = Discovery of America

La scoperta dell'America avvenne nel 1492 grazie a Cristoforo Colombo.
The discovery of America took place in 1492 thanks to Cristopher Columbus.

2205.   Scoperta del fuoco = Discovery of fire

La scoperta del fuoco rese migliore la vita più sopportabile.
The discovery of fire made life more bearable.

2206.   Sbarco in Normandia = Invasion of Normandy

Lo sbarco in Normandia permise agli Alleati di vincere la guerra.
The invasion of Normandy allowed the Allies to win the war.

2207.   Invenzione della ruota = Invention of the wheel

L'invenzione della ruotà migliorò la mobilità.
The invention of the wheel improved mobility.

2208.   Seconda guerra mondiale = World War Two

I Nazisti furono sconfitti alla fine della Seconda Guerra Mondiale.
The Nazis were defeated at the end of World War Two.

2209.   Guerra Fredda = Cold War

Hanno fatto un film sul periodo della Guerra Fredda.
The made a movie about the Cold War period.

POLITICA – POLITICS

CARICHE ED ISTITUZIONI PUBBLICHE - PUBLIC OFFICES AND INSTITUTIONS

2210. **Municipio = Town hall**

Il municipio si trova in una delle più belle piazze.
The town hall is in one of the most beautiful squares.

2211. **Sindaco = Mayor**

Chi è il nuovo sindaco?
Who is the new mayor?

2212. **Presidente della Repubblica = President of the Republic**

Sai qual è il mio sogno? Voglio diventare Presidente della Repubblica!
Do you know what is my dream? I want to become President of the Republic!

2213. **Parlamento = Parliament**

Quante persone lavorano nel Parlamento?
How many people work in the Parliament?

2214. **Governo = Government**

Mio padre è un membro del Governo.
My dad is a member of the Government.

2215. **Ministro = Minister**

Le persone che compongono il Governo sono i ministri.
People that compose the Government are the Ministers.

2216.   Senatore = Senator

Hai visto quel senatore alla televisione ieri sera?
Did you see that senator on TV last night?

2217.   Partito = Party

Qual è il tuo partito preferito?
Which is your favorite party?

2218.   Elezioni = Elections

Oggi ci sono le elezioni!
Today there are the elections!

2219.   Seggio elettorale = Polling station

Andiamo al seggio elettorale?
Are we going to the polling station?

LEGGI, SANZIONI E TERMINI LEGALI – LAW, PENALTIES AND LEGAL TERMS

2220.   Accusa = Charge

Ha una accusa di omicidio.
He has a murder charge.

2221.   Aggressione = Assault

Mario è stato accusato di aggressione.
Mario has been accused of assault.

2222.   Arresto domiciliare = House arrest

Lui ha gli arresti domiciliari.
He is under house arrest.

2223.   Assassino = Murder

Se un assassino viene messo in libertà è un problema grave.
If a murderer is released, it's a serious problem.

2224.   Assolvere = Acquit

Sarà assolto per mancanza di prove.
He will be acquitted for lack of evidence.

2225.   Diritto = Right

Chiedere un rimborso è un tuo diritto!
Asking for a refund is your right!

2226.   Avvocato civilista = Civil lawyer

Mi serve un avvocato civilista per questa causa.
I need a civil lawyer for this case.

2227.   Avvocato penalista = Criminal lawyer

Un avvocato penalista saprà consigliarci.
A criminal lawyer will be able to advise us.

2228.   Crimine = Crime

Questo crimine va punito.
This crime must be punished.

2229.   Detenzione = Detention

La detenzione va dai 2 ai 10 anni.
Detention ranges from 2 to 10 years.

2230.   Difesa = Defense

Adesso tocca alla difesa presentare la sua tesi.
Now it's up to the defense to present its thesis.

2231.   Ergastolo = Life sentence

Si merita l'ergastolo.
He deserves a life sentence.

2232.   Giudice = Judge

Il giudice è stato imparziale ma molto chiaro.
The judge was impartial but very clear.

2233.   Ladro = Thief

Un ladro non può non essere punito.
A thief cannot be not punished.

2234.   Manette = Chandcuffs

L'abbiamo visto portare via in manette: è stato scioccante.
We saw him being taken away in handcuffs: it was shocking.

2235.   Omicidio = Murder

Stai parlando di omicidio?
Are you talking about murder?

2236.   Pena = Penalty

La pena è di dieci anni.
The penalty is ten years.

2237.   Penale = Penalty

Dovrai pagare una penale.
You will have to pay a penalty.

2238.   Processo = Process

Il processo dura da cinque anni.
The process has been going on for five years.

2239.   Procuratore = Prosecutor

Il procuratore ha presentato la sua documentazione.
The prosecutor presented his documentation.

2240.   Ricorrere in appello = To appeal

Voglio subito ricorrere in appello.
I want to appeal immediately.

2241.   Rinvio a giudizio = Indictment

Siamo stati rinviati a giudizio.
We got the indictment.

2242.   Sospendere il processo = Suspend the trial

Per quanto tempo è stato sospeso il processo?
For how long has the trial been suspended?

2243.   Stupro = Rape

Lo stupro è un crimine grave.
Rape is a serious crime.

2244.   Testimone = Witness

Abbiamo più di un testimone a nostro vantaggio.
We have more than one witness to our advantage.

2245.   Tribunale = Court

Il tribunale si trova in centro.
The court is in the city center.

2246.   Norma = standard

Quell'edificio non è a norma.
That building is not up to standard.

ALTRI VERBI – OTHER VERBS

2247.   Accettare = To accept

Accetto la telefonata.
I accept the phone call.

2248.   Editare = To edit

Ho editato un testo.
I have edited a text.

2249.   Vendere = To sell

Vendo magliette ogni giorno.
I sell t-shirts everyday.

2250.   Comprare = To buy

Mi piace comprare regali.
I love buying gifts.

2251.   Obbligo = Must

Andare a scuola fino a 16 anni è un obbligo.
Going to school up to 16 years old is a must.

2252.   Affermare = To affirm

Affermo che tutto era distrutto.
I affirm that everything was destroyed.

2253.   Analizzare = To analyze

Mario analizza la situazione.
Mario analyzes the situation.

2254. Avere = To have

Ho un libro.
I have a book.

2255. Avvertire = To warn

Avverti il tuo capo.
Warn your boss.

2256. Bastare = To be enough

Questo basta!
That's enough!

2257. Continuare = To go on

Continuiamo nel progetto.
Let's go on with the project.

2258. Convincere = To convince

Deve convincere tutto il pubblico.
He must convince the whole audience.

2259. Credere = To believe

Luigi crede alle bugie.
Luigi believes in lies.

2260. Dare = To give

Noi diamo i soldi alla scuola.
We give money to the school.

2261. Descrivere = To describe

Descrivi bene la situazione.
Describe the situation well.

2262.   Desiderare = To desire

Desidero molto mangiare fragole.
I desire eating strawberries.

2263.   Difendere = To defend

Maria difende i suoi diritti.
Maria defends her rights.

2264.   Diminuire = To reduce

Bisogna ridurre i grassi nel cibo.
We must reduce fats in food.

2265.   Discutere = To discuss

Discutono delle loro posizioni.
They discuss about their positions.

2266.   Domandare = To ask

Posso domandare, se vuoi.
I can ask, if you want.

2267.   Durare = To last

L'appuntamento dura un'ora.
The appointment lasts one hour.

2268.   Escludere = To exclude

Non escludo niente.
I don't exclude anything.

2269.   Esistere = To exist

Questo albero esiste da 500 anni.
This tree has existed for 500 years.

2270.   Essere = To be

Bisogna essere sé stessi.
You need to be yourself.

2271.   Estendere = To extend

Estendi le tue conoscenze.
Extend your knowledge.

2272.   Offrire = To offer

Ti offro una possibilità.
I offer you a chance.

2273.   Pensare = To think

Penso che sia giusto fare come dici.
I think it's right to do as you say.

2274.   Permettere = To permit

Mi permetterai di aiutarti?
Will you permit me to help?

2275.   Pesare = To weigh

Ho pesato la frutta.
I weighed the fruit.

2276.   Potere = To can

Posso parlarti se vuoi.
I can talk to you if you want.

2277.   Ricordare = To remember

Ricordi tutte le battute?
Do you remember all the jokes?

2278.   Ripetere = To repeat

Puoi ripetere per favore?
Can you repeat, please?

2279.   Risolvere = To solve

Risolvono qualsiasi problema.
They solve any problem.

2280.   Sapere = To know

Non posso sapere ogni cosa.
I can't know everything.

2281.   Sbagliare = To make a mistake

Luigi ha sbagliato nel compito.
Luigi made a mistake in the test.

2282.   Scoprire = To discover

Maria scopre che le piace il gelato.
Maria discovers that she likes ice cream.

2283.   Sembrare = To seem

Sembra interessante quello che dici.
What you are saying seems interesting.

2284.   Tacere = To shut up

Taci per favore.
Shut up, please.

2285.   Volere = To want

Voglio mangiare cibo cinese.
I want to eat Chinese food.

2286.   Annoiarsi = To get bored

Mi annoio a vedere quel film.
I get bored watching that movie.

2287.   Dimenticare = To forget

Dimentico spesso che è divertente.
I often forget that it's funny.

2288.   Giudicare = To judge

Non voglio mai giudicare.
I never want to judge.

2289.   Immaginare = To imagine

Immagino le tue avventure.
I imagine your adventures.

2290.   Imporre = To impose

Le regole impongono un po' di controllo.
The rules impose some control.

2291.   Piangere = To cry

Maria piange a vedere questo film.
Maria cries watching this movie.

2292.   Ridere = To laugh

Rido sempre guardando questo film.
I always laugh watching this movie.

2293.   Rifiutare = To reject

Rifiuto ogni obbligo.
I reject any obligation.

2294.   Ringraziare = To thank

Maria ringrazia Franco.
Maria thanks Franco.

2295.   Soffrire = To suffer

Soffro in primavera.
I suffer during Spring.

2296.   Sognare = To dream

Io sogno di viaggiare tutta la vita.
I dream of travelling my whole life.

2297.   Sorridere = To smile

Luigi sorride a Franco.
Luigi smiles at Franco.

2298.   Spaventare = To scare

Maria spaventa sua nonna.
Maria scares her grandmother.

2299.   Sperare = To hope

Spero di vivere una vita da sogno.
I hope to live a dreamlife.

2300.   Stupire = To amaze

Maria ha stupito sua mamma.
Maria amazed her mom.

2301.   Accendere = To turn on

Accendi la luce.
Turn on the light.

2302.   **Abbassare = To turn down**

Abbasso il volume.
I turn down the volume.

2303.   **Aggiustare = To fix**

Mario aggiusta il mobile.
Mario fixes the cabinet.

2304.   **Alzare = To raise**

Alzo la mia voce solo quando è necessario.
I raise my voice only when it's necessary.

2305.   **Annunciare = Announce**

Vi annuncio il mio matrimonio.
I announce you my marriage.

2306.   **Appoggiare = To lean**

Appoggia il vaso sul tavolo.
Lean the pot on the table.

2307.   **Aprire = To open**

Apri la porta.
Open the door.

2308.   **Arrivare = To arrive/ To get**

Tu arriverai alla meta.
You'll get to the goal.

2309.   **Ascoltare = To listen**

Ascolto musica classica.
I listen to classical music.

2310.   Aspettare = To wait

Maria aspetta l'autobus.
Maria is waiting for the bus.

2311.   Assumere = To hire

Ho assunto una nuova impiegata.
I've hired a new employee.

2312.   Buttare = To throw

Butta la pattumiera per favore.
Throw out the trash, please.

2313.   Cadere = To fall

Cade tutto a terra oggi!
Everything falls to the ground today!

2314.   Cambiare = To change

Voglio cambiare la situazione.
I want to change the situation.

2315.   Caricare = To load

Carica la lavastoviglie, per favore.
Load the dishwasher, please.

2316.   Chiamare = To call

La chiamo subito.
I'll call her right now.

2317.   Chiudere = To close

Chiudi la finestra.
Close the window.

2318.   Citofonare = To buzz

Meglio citofonare.
It's better to buzz.

2319.   Coprire = To cover

Il telo copre l'automobile.
The towel covers the car.

2320.   Cucinare = To cook

Cucinare è divertente.
Cooking is funny.

2321.   Distruggere = To destroy

Il terremoto distrugge le case.
The earthquake destroys houses.

2322.   Dormire = To sleep

Dormiamo sempre al buio.
We always sleep in the dark.

2323.   Entrare = To enter

Entrano le comparse.
The extras enter.

2324.   Esporre = To expose

La società espone i suoi prodotti.
The company exposes its products.

2325.   Fare = To do

Bisogna fare bene le cose.
Things must be done well.

2326. Finire = To finish

Per finire presto, hai sbagliato.
In order to finish soon, you made a mistake.

2327. Gestire = To manage

Gestisce molto bene il lavoro.
He manages work very well.

2328. Guadagnare = To earn

Sara guadagna molto.
Sara earns a lot.

2329. Incominciare = To start

La serie tv comincia domani.
The TV show starts tomorrow.

2330. Incontrare = To meet

Marta incontra sempre sua zia a scuola.
Marta always meets her aunt at school.

2331. Invitare = To invite

Ho invitato tutti i nostri amici.
I invited all our friends.

2332. Iscriversi = To sign up

Mio figlio si è iscritto a basket.
My son signed up for basketball.

2333. Lanciare = To throw

Maria lancia la corda.
Maria throws the rope.

2334.   Lasciare = To leave

Lascialo stare.
Leave him alone.

2335.   Lavorare = To work

Marco lavora a Milano.
Marco works in Milan.

2336.   Mordere = To bite

Lo scorpione morde.
The scorpion bites.

2337.   Muovere = To move

Maria muove le gambe.
Maria moves her legs.

2338.   Pagare = To pay

Luigi paga le bollette.
Luigi pays the bills.

2339.   Perdere = To lose

Ho perso le chiavi.
I lost my keys.

2340.   Portare = To bring

Portiamo a casa le borse.
Let's bring the bags home.

2341.   Prendere = To take

Prendi il microfono.
Take the microphone.

2342.   Prenotare = To book

Hai prenotato il ristorante?
Have you booked the restaurant?

2343.   Preparare = To prepare

Mara prepara la zuppa.
Mara prepares the soup.

2344.   Promuovere = To promote

La società promuove il suo prodotto.
The company promotes its product.

2345.   Rappresentare = To represent

Questo prodotto rappresenta la società.
This product represents the company.

2346.   Respirare = To breathe

Durante lo yoga bisogna respirare.
During yoga you need to breathe.

2347.   Restituire = To return

Sara restituisce il cappello a Maria.
Sara returns the hat to Maria.

2348.   Ricevere = To receive

Quando ricevo una lettera, sono contento.
When I receive a letter, I'm happy.

2349.   Riconoscere = To recognize

Ha riconosciuto la sua amica.
She recognized her friend.

2350.   Ridurre = To reduce

Luigi riduce le spese.
Luigi reduces the expenses.

2351.   Riscaldare = To heat up

Riscaldiamo la sala perché fa freddo.
We are heating up the room because it's cold.

2352.   Rompere = To break

Ho rotto il vaso.
I broke the pot.

2353.   Scappare = To run away

Sono scappata subito.
I ran away immediately.

2354.   Spedire = To ship

L'ufficio spedisce il pacco.
The office ships the package.

2355.   Spegnere = To turn off

Spegni la luce per favore.
Turn off the light please.

2356.   Spendere = To spend

Spende più di quello che guadagna.
He spends more than he earns.

2357.   Spingere = To push

Spingi la porta.
Push the door.

2358.   Spostare = To move

Sposta la tenda per favore.
Move the curtain please.

2359.   Stare = To stay

Stai al tuo posto.
Stay in your place.

2360.   Suonare = To play

Giovanni suona il pianoforte.
Giovanni plays the piano.

2361.   Superare = To overcome

Ha superato ogni difficoltà.
He has overcome every difficulty.

2362.   Tagliare = To cut

Taglio la torta.
I'm cutting the cake.

2363.   Telefonare = To phone

Luigi telefona a Maria.
Luigi phones Maria.

2364.   Tirare = To pull

Tiro la porta.
I pull the door.

2365.   Trascinare = Drag

Trascina dei grossi pesi.
He drags heavy weights.

2366.   Udire = To hear

Ha udito dei rumori strani.
He heard strange noises.

2367.   Unire = To combine

Se unisci le due situazioni hai la soluzione.
If you combine the two situations you have the solution.

2368.   Urlare = To scream

Luigi urla per la paura.
Luigi screams in fear.

2369.   Uscire = To go out

Amo uscire con i miei amici.
I love going out with my friends.

2370.   Vendere = To sell

Questo negozio vende cibo.
This store sells food.

2371.   Votare = To vote

Franco vota sempre lo stesso partito.
Franco always votes for the same party.

2372.   Comprare = To buy

Franco compra molti libri.
Franco buys many books.

2373.   Creare = To create

Mi piace creare.
I like creating.

2374.   Divertirsi = To have fun

Questa sera si divertiranno molto.
They will have a lot of fun tonight.

ALTRI LAVORI – OTHER JOBS

2375.   Addetta alle pulizie = Cleaner

L'addetta alle pulizie si è occupata di risolvere il problema in camera.
The cleaner took care of solving the problem in the room.

2376.   Attore = Actor

Franco voleva fare l'attore.
Franco wanted to be an actor.

2377.   Attrice = Actress

Mara è una attrice di teatro.
Mara is a theatre actress.

2378.   Ballerino = Dancer

Bolle è un grande ballerino.
Bolle is a great dancer.

2379.   Cantante = Singer

In Italia sono tutti cantanti!
In Italy, they are all singers!

2380.   Doppiatore = Dubber

Ci vuole un buon doppiatore.
A good dubber is needed.

2381.   Giornalista = Journalist

Il giornalista deve sempre informarsi.
The journalist must always be updated.

2382.   Regista = Director

Per il video, chiama il regista.
For the video, call the director.

2383.   Scrittore = Writer

Tutti si sentono scrittori.
Everyone feels like a writer.

2384.   Carrozziere = Body shop

Devo andare dal carrozziere.
I need to go to the body shop.

2385.   Cassiere = Cashier

Il cassiere è occupato.
The cashier is busy.

2386.   Meccanico = Mechanic

Mi si è rotta l'auto, vado dal meccanico.
My car broke down, I'll go to the mechanic.

2387.   Parrucchiere = Hairdresser

Guarda che taglio ha fatto il mio parrucchiere.
Look what haircut my hairdresser made.

2388.   Bibliotecario = Librarian

C'è un nuovo concorso per bibliotecario.
There is a new competition for librarian.

2389.   Elettricista = Electrician

Chiama l'elettricista.
Call the electrician.

2390.   Giudice = Judge

Il giudice è imparziale.
The judge is impartial.

2391.   Imbianchino = Painter

Per questo appartamento ci vuole un imbianchino.
For this flat you need a painter.

2392.   Vigile urbano = Traffic warden

Abbiamo preso una multa dal vigile urbano.
We got a fine by the traffic warden.

2393.   Addetto recupero crediti = Debt recovery agent

L'addetto recupero crediti è un lavoro impegnativo.
The debt recovery agent is a hard job.

2394.   Agente assicurativo = Insurance agent

Mario fa l'agente assicurativo.
Mario is an insurance agent.

2395.   Assicuratore = Insurer

Mara ha sposato un assicuratore.
Mara married an insurer.

2396.   Avvocato = Lawyer

Chiederò suggerimenti al mio avvocato.
I will ask advices to my lawyer.

2397.   Biologo = Biologist

Alla facoltà cercano un biologo.
At the faculty they are looking for a biologist.

2398.   Chimico = Chemist

Per rispondere a questa domanda, ci vuole un chimico.
To answer this question, we need a chemist.

2399.   Consultente = Consultant

Stiamo assumendo consulenti.
We are hiring consultants.

2400.   Contabile = Accountant

Da grande farò il contabile.
When I grow up, I will be an accountant.

2401.   Diplomatico = Diplomat

I diplomatici sono seduti al tavolo.
The diplomats are sitting at the table.

2402.   Direttore della comunicazione = Director of communication

Chiediamo conferma al direttore della comunicazione.
We ask confirmation to the director of communication.

2403.   Disoccupato = Unemployed

Al momento sono disoccupato.
I'm unemployed at the moment.

2404.   Illustratore = Illustrator

Mario è un bravo illustratore.
Mario is a good illustrator.

2405.   Ingegnere = Engineer

Un ingegnere sarebbe in grado di rispondere.

An engineer would be able to answer.

2406.   Matematico = Mathematician

A gennaio è arrivato un nuovo matematico.
In January a new mathematician arrived.

2407.   Operaio = Factory worker

Gli operai stanno scioperando.
The factory workers are on strike.

2408.   Politico = Politician

Cosa fa un politico, esattamente?
What does a politician do, exactly?

2409.   Programmatore = Programmer

Un programmatore lo sa fare.
A programmer can do it.

2410.   Promotore finanziario = Financial advisor

Da giovane facevo il promotore finanziario.
When I was young, I was a financial advisor.

**2411.   Rappresentante commerciale = Sales
rappresentative**

Il rappresentante commerciale della Lombardia ha chiuso dei contratti.
The Lombardy sales representative closed some contracts.

2412.   Redattore = Editor

La rivista sta assumendo tre redattori.
The magazine is hiring three editors.

2413. Responsabile risorse umane = HR manager

Il responsabile risorse umane ha dichiarato di non essere interessato alla proposta.
The HR manager declared he wasn't interested in the proposal.

2414. Segretaria = Secretary

Una buona segretaria è un prezioso aiuto.
A good secretary is a precious help.

2415. Agente di polizia = Policeman

L'agente di polizia sconfigge il crimine.
The policeman defeats crime.

2416. Autotrasportatore = Road haulier

Mio padre per anni ha lavorato come autotrasportatore.
For years my father has worked as a road haulier.

2417. Fotografo = Photographer

Ho bisogno di due fotografi.
I need two photographers.

2418. Idraulico = Plumber

Si è rotto un tubo, chiama l'idraulico.
A pipe is broken, call a plumber.

2419. Netturbino = Garbage man

La città è pulita grazie ai netturbini.
The city is clean thanks to garbage men.

2420. Pompiere = Fireman

I pompieri sono coraggiosi.
Firemen are brave.

2421. Postino = Postman

Il nuovo postino è molto simpatico.
The new postman is very nice.

2422. Dealer = Dealer

Chi è il dealer?
Who is the dealer?

2423. Fiduciario = Trustee

Chi è il tuo fiduciario?
Who is your trustee?

2424. Intermediario = Mediator

In questo caso, serve un intermediario.
In this case, a mediator is needed.

2425. Notaio = Notary

Cos'ha detto il notaio?
What did the notary say?

2426. Presidente = President

Chi è il presidente di commissione?
Who is the commission president?

2427. Programmatore = Programmer

Gilberto è un programmatore.
Gilberto is a programmer.

2428. Tecnico = Technician

Marco è un tecnico.
Marco is a technician.

PARTI DEL CORPO – BODY PARTS

2429.   Capelli = Hair

Voglio i capelli lunghi.
I want long hair.

2430.   Baffi = Mustache

Tommy si è fatto crescere i baffi e sembra più grande.
Tommy has grown mustache and looks older.

2431.   Barba = Beard

Secondo me, gli uomini con la barba sono attraenti.
In my opinion, men with a beard are attractive.

2432.   Naso = Nose

L'anno scorso mi sono rotto il naso giocando a calcio.
Last year I broke my nose playing football.

2433.   Occhi = Eyes

Lui aveva magnifici occhi verdi.
He had beautiful green eyes.

2434.   Orecchie = Ears

Le orecchie del bambino erano rosse per via del freddo.
The child's ears were red because of the cold.

2435.   Collo = Neck

Quel tuo amico ha il collo molto lungo.
That friend of yours has a very long neck.

2436.   Sopracciglia = Eyebrows

La mia fidanzata si pettina sempre le sopracciglia.
My girlfriend always tidies her eyebrows.

2437.   Denti = Teeth

Adoro vedere le persone con i denti bianchi.
I love seeing people with white teeth.

2438.   Mento = Chin

Ho un brufolo sul mento.
I have a zit on my chin.

2439.   Bocca = Mouth

La bocca ci permette di mangiare.
The mouth allows us to eat.

2440.   Labbra = Lips

Hai le labbra molto rosse, hai messo il rossetto?
Your lips are very red, are you wearing lipstick?

2441.   Faccia = Face

Che faccia stanca, hai lavorato fino a tardi oggi?
What a tired face, have you worked late today?

2442.   Lingua = Tongue

Mi sono morso la lingua e ora mi fa male.
I bit my tongue and now it hurts.

2443.   Mano = Hand

Ho una cicatrice sulla mano.
I have a scar on my hand.

2444. Piede = Foot

Dopo aver camminato tutto il giorno, i miei piedi hanno bisogno di riposare.
After walking all day long, my feet need to get some rest.

2445. Gamba = Leg

Vado a correre tutti i giorni, infatti ho le gambe allenate.
I run everyday, infact my legs are well trained.

2446. Braccio = Arm

Le mie braccia sono molto magre, dovrei andare in palestra.
My arms are very skinny, I should go to the gym.

2447. Polso = Wrist

I giocatori di tennis spesso si lamentano di come gli faccia male il polso.
Tennis players often complain about how their wrist aches.

2448. Caviglia = Ankle

Ho preso una storta alla caviglia due giorni fa, mi fa ancora male.
I twisted my ankle two days ago, it still hurts.

2449. Ginocchio = Knee

Mi sono rotto il ginocchio cadendo dalla moto.
I broke my knee falling from my motorcycle.

2450. Addominali = Abs

È molto difficile avere degli addominali perfetti.
It's very difficult to have perfect abs.

2451.   Pettorali = Pecs

Dopo un anno di allenamento i miei pettorali sono cresciuti.
After a year of training, my pecs have grown.

2452.   Pancia = Belly

Aveva un dolore molto forte alla pancia.
She had a very bad ache in her belly.

2453.   Seno = Breasts

La ragazza voleva un seno prosperoso.
The girl wanted big breasts.

2454.   Pene = Penis

Il pene è l'organo riproduttivo maschile.
Penis is the male reproductive organ.

2455.   Vagina = Vagina

La vagina è l'organo riproduttivo femminile.
Vagina is the female reproductive organ.

2456.   Sedere = Butt

Samuel è caduto e ha battuto il sedere.
Samuel slipped and hit his butt.

2457.   Schiena = Back

Voglio farmi un tatuaggio sulla schiena.
I want a back tattoo.

2458.   Cosce = Thighs

Quel ragazzo ha le cosce molto muscolose.
That boy has very muscled thighs.

2459. Pollice = Thumb

Mi sono tagliato il pollice.
I've cut my thumb.

2460. Indice = Index finger

Utilizzo il dito indice se voglio indicare qualcosa.
I use the index finger if I want to point at something.

2461. Medio = Middle finger

Il dito medio è il dito più lungo della mano.
The middle finger is the longest finger in the hand.

2462. Anulare = Ring finger

L'anello si mette all'anulare.
You put the ring on the ring finger.

2463. Mignolo = Little finger

Il mignolo è il dito più piccolo di tutti.
The little finger is the smallest one.

2464. Tallone = Heel

Queste scarpe nuove mi fanno male ai talloni.
These new shoes hurt my heels.

2465. Fronte = Forehead

Il tuo amico ha la fronte molto larga.
Your friend has a very wide forehead.

DIALETTI E MODI DI DIRE –
DIALECTS AND COMMON SAYINGS

Assumption: *The words in the "Dialetti - Dialects" subcategory are not included in the Italian dictionary, still they are used in many Italian cities, therefore we consider some of them interesting for you to know.*

DIALETTI – DIALECTS

2466. Ciaparatt = Incapable person

In Piemonte, la parola "Ciaparatt" significa che una persona è incapace.
In Piedmont, the word "Ciaparatt" means that a person is incapable.

2467. Bagulun = Good for nothing

In Lombardia, la parola "Bagulun" indica che una persona non è brava a fare niente.
In Lombardy, the word "Bagulun" indicates that a person is good at doing nothing.

2468. Bocia = Immature

In Veneto, si dice David è una "bocia", per dire che è immaturo.
In Veneto, we say David is "bocia", meaning he's immature.

2469. Farfannicchie = Devil

In Abruzzo "Farfanicchie" è un modo tipico per dire diavolo.
In Abruzzo, "Farfanicchie" is a typical way to say devil.

2470. Giargianì = Person who speaks incomprehensibly

In Basilicata, "Sei un giargianì" significa che tu sei una persona che parla in modo incomprensibile.

In Basilicata, "You are giargianì" means that you are a person who speaks incomprehensibly.

2471.   Abbrusciàri = To burn

In Calabria, si dice "Abbrusciàri la legna" per indicare l'azione di bruciare la legna.
In Calabria, we say "Abbrusciàri la legna" to indicate the action of burning the wood.

2472.   Ammaritato = Getting married

In Campania, possiamo dire "Gino si è ammaritato" con Giulia per dire che si è sposato.
In Campania, we can say "Gino si è ammaritato" with Giulia to tell that he got married.

2473.   Sburon = Boaster

In Emilia-Romagna, "sburon" significa sbruffone
In Emilia-Romagna, "sburon" means boaster.

2474.   Di frut = As children

In Friuli, possiamo dire andavamo sempre lì "di frut" per dire che andavamo sempre lì da bambini.
In Friuli, we can say we always went there "di frut" to say that we always went there as children.

2475.   Accattà = To buy

In Liguria, possiamo dire vado ad "accattà un'anguria" che significa comprare un'anguria.
In Liguria, we can say I'm going to "accattà un'anguria" that means buying a watermelon.

2476.   Rraggiatu = Angry

"Sono molto rraggiatu con te" è una frase che puoi usare in Puglia,
    per dire che qualcuno è arrabbiato con te.
"I'm very rraggiatu with you" is a phrase that you can use in Puglia,
    meaning someone is angry with you.

2477.   Caddozza = Smelly

"La fogna è caddozza" significa che la fogna è puzzolente.
"La fogna è caddozza" means that the sewer is smelly.

2478.   Bischero = Fool

In Toscana, si dice "Sei un bischero", un matto.
In Tuscany, we say "You are bischero", a fool.

A. MODI DI DIRE – COMMON SAYINGS

2479.   Aggiungere benzina sul fuoco = Add fuel to the fire

Sono già arrabiato, non aggiungere benzina sul fuoco
I'm already angry, don't add fuel to the fire

2480.   Alle spalle di qualcuno = Behind someone's back

Non sei un vero amico, hai agito alle mie spalle.
You are not a real friend, you acted behind my back.

2481.   Da leccarsi le dita = Finger licking good

La tua pasta è da leccarsi le dita.
Your pasta is finger licking good.

2482.   Piove a catinelle = Raining cats and dogs

Non posso uscire per una camminata, sta piovendo a catinelle!
I can't go for a walk, it's raining cats and dogs!

2483.   Essere all'ultima moda = To be cutting edge

Quel vestito di Versace è all'ultima moda.
That Versace dress is cutting edge.

2484.   Essere al settimo cielo = On cloud nine

Ho passato l'esame, sono al settimo cielo!
I've passed the exam, I'm on cloud nine!

2485.   Punto e a capo = Kiss and make up

Mi scuso, ora punto e a capo.
I apologise, now it's kiss and make up.

2486.   Di punto in bianco = Out of the blue

Mi ha lasciato di punto in bianco.
He left me out of the blu.

2487.   Per farla breve = Long story short

Per farla breve, non siamo più amici.
Long story short, we are not friends anymore.

2488.   Acqua passata = Water under the bridge

Un po' di tempo fa mi piaceva, ora è acqua passata.
Some time ago I liked him, now it's water under the bridge.

2489.   Fai come se fossi a casa tua = Make yourself at home

Siediti sul divano, fai come se fossi a casa tua.
Sit on the couch, make yourself at home.

2490.   Una passeggiata = A piece of cake

Non ti preoccupare per l'esame, è una passeggiata.

Don't worry about the exam, it's a piece of cake

2491.   Salute! = Bless you!

Ha starnutito, quindi ho detto "Salute!".
He sneezed, so I said, "Bless you!"

2492.   Cin cin = Cheers

Alziamo i nostri bicchieri e diciamo "cin cin"!
Let's raise our glasses and say "cheers"!

2493.   Ripartire da zero = Start from scratch

Ripartiamo da zero.
Let's start from scratch.

2494.   Parli del diavolo = Talking of the devil

Dov'è Olga? Eccola, parli del diavolo…
Where's Olga? Here she is, talking of the devil…

2495.   Meglio tardi che mai = Better late than never

"Mi laureo tra due anni", "Meglio tardi che mai"
"I will graduate in two years", "Better late than never"

**2496.   Costare un occhio della testa = To cost an arm and
      a leg**

Non posso permettermi quell'auto, costa un occhio della testa.
I can't afford that car, it costs an arm and a leg.

2497.   Piangere su latte versato = To cry over spilt milk

È successo, non piangere sul latte versato.
It happened, don't cry over spilt milk.

2498.   Prendere due piccioni con una fava = To kill two birds with one stone

Ha lasciato i suoi figli a scuola mentre andava al lavoro, ha preso due piccioni con una fava.
He dropped his kids to school while going to work, he killed two birds with one stone.

2499.   Una volta ogni morte di papa = Once in a blue moon

Mi alleno una volta ogni morte di papa.
I workout once in a blue moon.

2500.   Sano come un pesce = Fit as a fiddle

Non riesco a credere che abbia 80 anni! È sano come un pesce!
I can't believe he's 80! He is fit as a fiddle!

CONCLUSION

We've reached the end of this book. And I have good news and bad news for you. The good news is that your vocabulary has been greatly enriched and you will surely be able to hold a conversation in Italian without any major difficulties!

You are now ready to face new experiences, for example you can take that trip around the world that you have always postponed or apply for that job abroad without fear of not knowing the language.

Now let's move on to the bad news. Your journey doesn't end here. If you thought this book was all you would need to become a native speaker, I'm very sorry.

As a matter of fact, you really never stop learning a language. Surely this book is a great start to your journey, but you can certainly improve further.

We studied different words during the course of this book, surely now you won't have any more problems when making a restaurant reservation, having a job interview or engaging in a simple conversation with a tourist you just met!

I would like to give you some pieces of advice that will be of great help in continuing this journey of studying the English language.

I highly recommend the following activities:

- **WATCH ITALIAN MOVIES**

You can begin with English subtitles if you have difficulties, progressing to watching with Italian subtitles, and finally sticking to watching movies in Italian without subtitles.

If after finishing a movie you feel like you didn't understand anything, don't get demoralized and above all don't give up. Watch the same movie several times until you understand it.

I know it sounds boring, but I guarantee you'll get great results soon.

- **DON'T ABANDON THIS BOOK ON A SHELF**

Go through this book again and again, take notes, study it, in short, remember that this book is not a novel. It is a handbook and as such I advise you to constantly have it within reach and go over it multiple times.

- **DOWNLOAD APPLICATIONS LIKE BABBEL OR DUOLINGO**

We live in the digital age with more opportunities than 30 years ago!

We must take advantage of the various resources at our disposal, among which I would recommend "Babbel" and "Duolingo": two applications that you can download on your smartphone and use to practice and improve your Italian language skills.

- **LISTEN TO ITALIAN AUDIOBOOKS**

Did you know that Audible has a 30-day free trial? I wouldn't pass up that chance if I were you! Audiobooks are perfect, especially if you're a busy person. You can improve your listening and pronunciation while at the gym or in the car!

Finally, thank you very much for buying my book and I hope you enjoyed it.

If you want, this is the link for reviewing the book on Amazon.com https://www.amazon.com/dp/B07XTKZNM3

OTHER BOOKS OF JOHN ALFORT, THE FOUNDER OF ITALIAN ACADEMY

  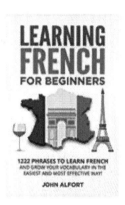

You will find these books on the author's page of John, writing "John Alfort" on Amazon or texting on google this link:

https://www.amazon.com/John-Alfort/e/B083V43H6P?ref=sr_ntt_srch_lnk_1&qid=1582197088&sr=1-1

Made in the USA
Middletown, DE
18 December 2020